KB129778

우크라이나에서 온 메시지

책에 실린 연설문은 가독성을 위해 원본을 축약 및 편집한 것입니다. 연설문 원본은 president.gov.ua/news/speeches에서 확인할 수 있으며, 크리에이티브 커먼즈 저작자표시(CC BY 4.0) 이용 규약을 따릅니다.

우크라이나에서 온 메시지

젤렌스키 대통령 항전 연설문집

볼로디미르 젤렌스키
VOLODYMYR ZELENSKY

박누리·박상현 옮김

웅진 지식하우스

차례

저자 서문   과거를 바꾸는 일   7
머리말   우리는 여기에 있습니다   16

1부   **우리의 가치** —————————————

1 이제 우리 모두가 대통령입니다   37

2 남의 전쟁   43

3 사랑의 반대   53

4 우리는 무릎 꿇지 않습니다   62

2부   **우리의 싸움** —————————————

5 역사의 교훈   71

6 러시아 국민은 전쟁을 원합니까?   81

7 우리는 우크라이나입니다   90

8 유럽과의 전쟁   92

3부   **우리의 목소리** —————————————

9 우크라이나는 위대함을 원하지 않았습니다   99
  하지만 우크라이나는 위대한 나라가 되었습니다

10 평화의 리더   107

11 이 벽을 허무십시오!   113

12 무관심은 사람을 죽입니다   121

4부   우리의 나라 ─────────

13 어찌 이런 일이 일어날 수 있습니까?   131

14 신이시여, 우크라이나를 지켜주소서   141

15 다시는, 절대로   149

16 자유로운 국민   161

5부   우리의 사람들 ─────────

17 가치의 위기   175

18 우크라이나 사람들이 우크라이나입니다   182

19 우리는 이미 승리했습니다   188

역자 후기   젤렌스키 연설의 매력   202

일러두기

1. 한국어판의 5부는 영국 워터스톤 서점 특별판에 추가된 두 편의 연설문과 함께, 2022년 12월 21일 젤렌스키 대통령이 직접 미국 의회를 방문해 발표한 연설문을 저자의 허락을 구하여 단독으로 수록했다.

2. 원서에서 이탤릭체로 강조한 부분은 고딕체로 표기했다.

3. 각주는 옮긴이주이며, 원주는 각주 끝에 따로 표시했다.

4. 인명, 지명 등 고유명사의 표기는 국립국어원 외래어표기법을 따랐으나 일부는 관례와 원어 발음을 존중해 그에 따랐다. 특히 우크라이나의 지명은 러시아식 발음으로 표기하던 관행을 버리고 우크라이나식 발음에 기반해 표기했다(예로 키예프 → 키이우, 크림반도 → 크름반도와 같이 적었다).

과거를 바꾸는 일

볼로디미르 젤렌스키

여러분이 손에 들고 있는 이 책이 출간될 일이 없었더라면 저는 아마 세상에서 가장 행복한 사람이었을 것입니다.

2022년 2월 24일의 침략 이후에 제가 한 연설들이 쓰이지도 발표되지도 않았더라면, 그 연설들을 아무도 듣거나 읽을 일이 없었더라면 말입니다.

책의 서문을 이렇게 시작하는 게 느닷없다는 것을 압니다. 대부분의 책에서 이런 서문은 지나칩니다. 이 책은 예외입니다. 제가 서문을 이렇게 시작하는 것은 여러분의 관심을 끌거나 영예를 노린 허세가 아닙니다. 여러분의 관심이 필요한 이유는 너무나 고통스럽고, 어떤 '영예'의 대가도 너무나 큽니다. 우크라이나를 상대로 일어난 전쟁이 그 이유이고, 러시아가 앗아간 수천 명의 생명이 그 대가입니다.

우리가 과거를 바꿀 수만 있다면. 그러면 저는 아주 많은 것을 즉시 포기할 수 있습니다. 세계가 보내는 찬사와 존경은 없어도 됩니다. 사람들이 젤렌스키라는 이름을 듣고 그게 누구냐고 물어보는 편을 택하겠습니다. 미국 의회나 영국 의회, 유럽 의회의 박수 갈채를 들을 일이 차라리 없었더라면, 애초에 우크라이나인들이 자신이 사는 땅에서 폭발음이나 총소리를 들을 일이 없었더라면 좋겠습니다.

우리가 과거를 바꿀 수만 있다면. 《타임》 표지에 제 얼굴 대신 암을 정복하기 위해 일하는 의사의 얼굴이 실렸더라면, 세계에서 가장 영향력 있는 사람들의 리스트가 정치인이 아닌 기아와 지구 온난화, 생화학 전쟁이나 세계를 위협하는 핵의 위협을 해결하려 애쓰는 과학자로 채워졌다면 얼마나 좋을까요.

우리가 과거를 바꿀 수만 있다면. 더는 세계 언론에

서 제 이름을 언급하지 않아도, 소셜미디어에 올린 제 말이 퍼지지 않아도 좋습니다. 인스타그램이나 페이스북에서 새로운 팔로어들이 생기는 것에는 관심이 없습니다. 제 심장은 오로지 부차와 이지움에서 학살당한 수천 명의 사람들, 이 전쟁으로 죽은 모든 우크라이나인들로 미어질 뿐입니다.

지구상에 살고 있는 분이라면 지난 8년 동안 우크라이나에서 어떤 일이 일어나고 있었는지 이미 알고 있을 겁니다. 제정신을 가진 분이라면—그리고 이성적이며 남을 생각할 줄 아는 분이라면—2022년 2월 24일에 일어난 일의 중대함을 이미 알고 있을 겁니다. 아마도 여러분은 러시안연방을 영문 소문자를 사용해 'rf'라고 표기하는 게 적절하다는 사실을 이해할 겁니다.* 아마 왜 이 책의 서문이 이렇게 갑작스럽고, 치열하고, 거칠게 시작되는지도 이해할 겁니다.

왜냐하면 이 서문을 쓰고 있는 지금이 바로 그런 시

---

* 우크라이나 정부는 러시아의 국가 명칭인 '러시아연방'을 표기할 때 대문자를 사용하는 것은 러시아에 정치적 정당성을 부여하는 일이라고 주장하며 소문자만을 사용해 russian federation이라고 표기하고 있다 — 원주.

절이기 때문입니다. 이런 말이 나오게 된 전쟁이 바로 그런 전쟁이기 때문입니다. 맞습니다. 대부분의 책에서 이런 서문은 지나칩니다. 이 책은 예외입니다.

하지만 이 책은 우리가 과거를 바꿀 수 없다는 것을 이야기하는 책이 아닙니다. 이 책은 우리가 미래를 어떻게 만들어갈 수 있을지를 이야기하는 책입니다. 그리고 우크라이나와 우크라이나 국민이 이미 어떻게 그 일을 해내고 있는지를 이야기하는 책입니다.

그 작업은 2월 24일에 시작되지 않았습니다. 우크라이나는 2022년 초에 세계 지도에 처음 등장한 나라가 아닙니다. 우크라이나 국민은 러시아연방rf이 침략하는 순간에 태어나지 않았습니다. 우리는 이미 있었고, 지금도 있으며, 앞으로도 있을 것입니다. 우리는 이미 존재해왔고, 지금도 존재하고 있으며, 앞으로도 존재할 것입니다. 세계가 우리를 돕고 지지하고 우리에게 관심을 보여주는 것에 감사하지만, 우크라이나인들의 용감함을 당연한 것으로 여겨서는 안 됩니다. 전쟁은 일상적인 일이 되어서는 안 됩니다.

우크라이나를 잊지 마시기를 바랍니다. 우크라이나

에 지치지 마시기를 바랍니다. 우크라이나인의 용기가 '유행이 지난 것'이 되도록 내버려두지 마시기를 바랍니다.

우크라이나를 지지하는 일은 유행도, 온라인에서 인기 있는 밈meme이나 챌린지도 아닙니다. 우크라이나에 대한 지지는 지구를 가로질러 빠르게 확산되었다가 망각의 저편으로 빠르게 사라지는 충격파가 아닙니다. 우크라이나인들이 어떤 사람들이고, 어디에서 왔으며, 무엇을 원하는지, 또 어디로 가고 있는지 알고 싶다면 먼저 저희에 관해 아셔야 합니다. 이 책이 바로 그 일에 도움이 될 것입니다.

* * *

"이 전쟁을 시작한 것은 우리가 아닙니다. 하지만 이 전쟁은 우리가 끝내야 합니다. 그리고 우리는 전쟁을 끝내기 위해 대화할 준비가 되어 있습니다."

"전쟁을 끝내기 위해 필요한 것이 무엇입니까? 과거

에 우리는 그것이 '평화'라고 했습니다. 이제 우리는 '승리'라고 말합니다."

이 두 문장은 이 책에 소개된 첫 연설과 4부 마지막 연설에 나옵니다. 하나는 2019년 5월 20일에 한 연설이고, 다른 하나는 2022년 8월 24일에 한 연설입니다. 두 연설 사이에는 3년 3개월이라는 시간이 존재합니다. 제가 우크라이나 역사 속 이 시기로 여러분을 안내할 것입니다. 우리가 하나의 나라로서 걸어온 길입니다.

이 연설문들은 제가 그동안 어떻게 바뀌었는지, 그리고 제 팀과 우크라이나인들이 어떻게 바뀌었는지를 간명하게 보여줍니다. 우리는 전쟁을 원하지 않았습니다. 우리는 전쟁을 피하고자 모든 노력을 다했습니다. 대통령 취임 선서를 한 순간부터 러시아가 침략을 시작하는 마지막 순간까지 제가 했던 말들은 전쟁을 막기 위함이었습니다.

러시아연방이 탄약통 위에서 성냥불을 붙일 때마다 우리는 그 불을 껐습니다. 그들의 도발에 굴복하지 않았고, 그들이 우리와 맺은 합의를 위반할 때마다 똑같이 대응하지도 않았습니다. 우리는 항상 평화를 추구했고, 항상 외교적인 해결책을 찾기 위해 최선을 다했으며, 항상 대화와 협상을 요청했습니다.

우크라이나는 2월 24일 새벽 4시 30분에 러시아연방에서 답을 받았습니다. 그들은 자신의 의도를 행동으로 분명히 보여주었습니다. 그들은 우크라이나를 무너트리기를 원했습니다. 우크라이나라는 나라와 그 국민을 지구상에서 없애버리기를 원했습니다.

물론 우크라이나는 과거에도 그런 답을 들은 적이 있습니다. 여러 시대에 걸쳐 많은 침략자가 다른 언어로 같은 소리를 했습니다. 그리고 항상 같은 결말이 그들을 기다리고 있었습니다. 우크라이나의 국경을 넘는 실수를 저지른 모든 침략군은 결국 국경 너머로 달아났습니다. 그들은 무기와 장비를 내던지고 절뚝거리며 서둘러 자기 나라로 돌아갔습니다.

러시아연방도 똑같은 실수를 저질렀습니다. 그들은 자신이 우크라이나 국경을 넘어 들어온 그날을 저주하고, 선하고 평화로운 우크라이나 사람들이 적을 찢어버릴 준비된 사자로 변하는 것을 목격하게 되었습니다.

그들은 우호적이고 친절한 사람들이 밭에서 난 곡물을 나눠주는 대신 전사로 변해서 그들을 향해 총을 쏘는 모습을 목격했습니다.

그들은 학생과 과학자가, 음악가와 배우가, 교사와 의사가, 엔지니어와 농부가 군인들과 힘을 합치는 모습을 목격했습니다. 그렇게 이들이 세계 2위의 군사 강국을 무찌르고, 러시아가 자랑하는 기함을 바다 밑으로 침몰시키고, M270 MLRS와 하이마스HIMARS 같은 무기들의 사용법을 일주일 만에 숙달하고, 단 며칠 만에 수천 킬로미터의 영토를 수복하는 모습을 목격했습니다.

이런 우크라이나인들은 어떤 사람들입니까? 이 책에 담긴 연설에서 그 답을 발견하실 것입니다. 이 연설문들은 무작위로 고른 것이 아닙니다. 2019년 5월 취임식 이후로 저는 천 번가량 서로 다른 연설을 했습니다. 제가 이 연설들을 고른 이유는 무엇보다도 여러분이 우리를, 우리의 염원을, 우리의 원칙과 가치를 이해할 수 있도록 돕고 싶었기 때문입니다.

이제 이어지는 페이지에서 우크라이나에 대해 알아

가시길 권해드립니다. 우리의 꿈과 그 꿈을 산산조각 내려는 사람들에 대해서 배울 수 있기를 바랍니다. 러시아가 침략하기 이전에 우리가 어떤 사람들이었는지, 그런데 전쟁이 우리를 어떻게, 왜 바꿔놓았는지 알았으면 합니다. 우크라이나인들의 지난 3년 동안의 삶과 역사를 읽어보기를 바랍니다.

무엇보다도 저희의 메시지를 들어주십시오. 2022년 우크라이나 독립기념일에 크고 분명하게 울려 퍼진 메시지, 러시아의 마지막 병사가 우크라이나 땅을 떠나는 순간까지 퍼져 나갈 메시지 말입니다.

"전쟁을 끝내기 위해 필요한 것이 무엇입니까? 과거에 우리는 그것이 '평화'라고 했습니다. 이제 우리는 '승리'라고 말합니다."

2022년 10월
우크라이나 대통령
볼로디미르 젤렌스키

우리는 여기에 있습니다

아르카디 오스토로프스키[*]

볼로디미르 젤렌스키의 연설 중 가장 중요한 연설은 그가 한 가장 짧은 연설이기도 하다. 러시아가 우크라이나를 상대로 아무 이유 없이 전면전을 시작하고 서른여덟 시간 만에 나온 그의 연설은 32초에 불과했다. 젤렌스키는 카키색 옷차림으로 휴대전화를 들고 정부 청사 앞에 섰다. 그의 뒤로는 정부 고위 관료들이 둘러서 있었다. 젤렌스키는 이렇게 말했다.

* Arkady Ostrovsky. 영국의 작가이자 언론인이다. 영국의 경제 주간지 《이코노미스트》의 모스크바 지부장을 역임했으며, 현재는 동 매체의 러시아와 동유럽 담당 국장을 맡고 있다.

"국민 여러분, 안녕하십니까. 우리는 모두 여기 있습니다. 우리의 군인들이 여기에 있습니다. 시민 사회가 여기에 있습니다. 우리는 우리의 독립을 지켜낼 것입니다. 우리는 지금처럼 앞으로도 변함없이 독립 국가일 것입니다."

2월 25일 저녁, 이 영상이 소셜미디어에 등장할 무렵 우크라이나는 이미 하루 넘게 러시아군의 무자비한 공격을 견디고 있었다. 러시아 공수부대원들이 키이우의 공군기지에 들이닥치고 있었고, 특공대원들은 젤렌스키를 체포하기 위해 혈안이 되어 있었으며, 우크라이나 시민들은 보금자리를 버리고 피난길에 오르고 있었다. 젤렌스키가 이미 국외로 탈출했으며, 그의 정부는 무너졌다는 루머가 나돌았다. 러시아 정부가 퍼트린 것이었다. 1분도 채 되지 않는 젤렌스키의 영상은 그게 사실이 아님을 증명해주었다.

그 후로 몇 시간, 몇 날, 몇 달이 지나는 동안 젤렌스키는 우크라이나 국민과 러시아 국민, 그리고 세계를 향해 백여 차례의 연설을 했다. 러시아의 우크라이나 침공 후 첫 200일 동안 젤렌스키는 바깥 세계를 향해 총

81번의 연설을, 우크라이나 국민들에게는 그보다 더 많은 연설을 했다. 젤렌스키의 연설을 들은 사람들은 그를 처칠에 비견했고 그가 입고 나오는 카키색 티셔츠는 글로벌 패션 아이콘이 되었다. 서방 세계의 정부 건물과 일반 가정에서 우크라이나 국기를 게양했다. 베를린의 브란덴부르크문과 파리의 에펠탑은 우크라이나를 상징하는 노란색과 푸른색 조명으로 물들었다.

그러나 전쟁의 향방에 가장 큰 영향을 미친 것은 바로 이 짧은 영상이었다. 빛의 속도로 우크라이나를 함락시키고 승리를 선포하겠다는 푸틴의 계획이 실패하고 있다는—이미 실패한 게 사실이다—증거였기 때문이다. 젤렌스키는 도망치지 않았다. 우크라이나의 수도는 푸틴의 손아귀에 들어가지 않았고 러시아어를 사용하는 우크라이나 동부 지역 주민들도 러시아군을 환영하지 않았다. 젤렌스키는 우크라이나 말로 '투트tut', 즉 '여기에' 있었다. 그가 일하는 자리에 출근한 상태였다. 우크라이나 국민도 그렇게 자신들이 있어야 할 자리에 있었다.

젤렌스키가 전시 지도자가 되리라고는 아무도 생각

하지 못했다. 그는 그 역할을 선택하지도 않았고, 그럴 준비도 하지 않았다. 러시아의 침공 위기가 고조되고 있던 동안에도 그는 전쟁이 발발할 가능성이 낮다고 이야기했다. 하지만 러시아군이 우크라이나 국경을 넘은 직후 미국이 국외로 피신하기 위한 비행편을 제공하겠다고 했을 때 젤렌스키의 대답은 간결했다.

"내게 필요한 건 탈 것이 아니라 탄약입니다(I need ammo, not a ride)."

이 말은 곧바로 온라인에서 밈이 되었다. 러시아군이 흑해의 작은 섬 즈미이니를 지키는 우크라이나 병사들에게 투항을 요구하자 "러시아 군함? 가서 엿이나 먹어"라고 대꾸한 것도 마찬가지다.

젤렌스키의 간결한 수사법은 우크라이나와 러시아를 극명하게 대비시켜 보여주었다. 그가 32초 동안 아홉 번이나 반복한 짧고 따스한 단어 '투트'는 마치 집에 침입자가 들어왔을 때 겁에 질린 아이를 안심시키는 부모의 말처럼 느껴졌다.

테크놀로지를 잘 활용하는 것도 사람들의 주목을 받았다. 크렘린궁 담장 안에 숨어 자국민을 상대로 방송

연설을 하는 푸틴은 망상에 사로잡힌 독재자로 보인 반면, 젤렌스키는 자기 나라 국민과 함께 있는 지도자로 보였다. 젤렌스키는 직접 찍은 영상을 온라인에 올리는 평범한 우크라이나 시민이었고 우크라이나라는 소셜네트워크를 구성하는 중요한 일부분이었다.

2022년 2월, 젤렌스키는 이제 막 임기 3년 차를 바라보고 있었다. 국민들의 눈에 그는, 처음에는 그저 하루아침에 기적처럼 대통령이 되어 우크라이나 정치계와 맞서는 평범한 말투의 역사 교사 바실 홀로보로드코와 다르지 않았다. 홀로보로드코는 〈국민의 일꾼〉이라는 제목의 TV드라마에서 젤렌스키가 연기했던 배역이다. 배우이자 프로듀서였던 젤렌스키의 배경은 2018년 12월 대통령 선거에 뛰어든 이래 그의 성공에 결정적인 역할을 했다. 젤렌스키는 청중을 거울로 비추듯 그들이 원하는 것을 연설 속에 녹여내는 방법을 알고 있었으며, 유권자들은 젤렌스키에게서 그들 자신의 모습을 발견했다. 젤렌스키는 국민을 향해 일방적으로 연설하지 않았다. 그는 국민의 생각을 읽고 그들의 감정을 언어로 풀어냈다.

그런데 돌연 이 능력이 그 어느 때보다 중요해졌다. 우크라이나는 오래도록 하나의 민족이자 그들이 사는 지역을 가리키는 말이었지만 1991년 소비에트연방이 무너진 이후로는 하나의 국가를 의미하게 되었다. 그리고 이제 언어나 민족, 고대 역사나 신앙이 아닌 공통의 가치, 생활방식, 그리고 죽음을 불사하는 시민들의 애국심으로 정의되는 하나의 시민 국가가 되어가고 있었다. 젤렌스키는 영화 〈패딩턴〉과 〈패딩턴 2〉 우크라이나어 더빙판에서 주인공인 곰 캐릭터 패딩턴 목소리를 연기한 적 있는데, 이제는 동화 속 아기곰이 아닌 우크라이나 국민의 목소리를 대신하게 된 것이다.

우크라이나는 키이우의 마이단 네잘레주노스티(독립광장)에서 탄생했다. 우크라이나인들이 여러 차례 자신들의 미래를 스스로 결정하기 위한 혁명 봉기를 일으켰던 장소이다. 2014년에도 이 광장에서 모스크바의 꼭두각시인 독재자 빅토르 야누코비치를 몰아내고 우크라이나가 유럽의 일부임을 선언했다.* 그러나 혁명은 폭력으로 막을 내렸다. 야누코비치는 국외로 달아났고, 러시아는 크름반도를 병합하고 우크라이나 동부에서 전쟁을 시작했다.

2014년 독립광장에 젤렌스키는 없었다. 야누코비치가 물러나야 한다고 말하기는 했으나, '존엄의 혁명'으로 불리게 된 시민 혁명에도 참가하지 않았다. 시위대의 요구사항에 동의하지 않았다기보다는, 민족주의나 특정 이념에 따라 행동하는 사람이 아니었다고 보는 것이 더 정확하다. 특히 혁명은 그의 '스타일'이 아니었다. TV 프로듀서로 성공한 그는 자신을 좋아하는 시청자들이 어떤 사람들인지—약간 냉소적이고, 자립적이며, 체제에 순응적인 동시에 지극히 현실적인 사람들—잘 파악하고 있었다. 혁명이 진행되는 동안 젤렌스키의 시청자 대부분은 집에서 나오지 않고 그의 시트콤을 보고 있었다.

- 2013년 11월 당시 우크라이나 대통령 야누코비치가 EU와의 무역협정을 무기한 연기하고 친러 정책을 천명한 것이 발단이 되어 시작된 대규모 반정부 시위 '유로마이단'은 정부의 강경 진압으로 내전 상황에 가까운 유혈 사태로 치달으며 2014년 2월까지 이어졌고, 결국 대통령을 탄핵하고 과도 정부를 출범시킨 시민 혁명으로 발전한다. '유로마이단 혁명', '2014 우크라이나 혁명'으로 불린다. '유로'는 유럽을, '마이단'은 광장을 뜻한다. 이후 '마이단'은 시민의 정치 행동을 의미하는 단어로도 쓰이기 시작했다.

우크라이나에서 온 메시지

비록 젤렌스키가 독립광장 봉기에 참여하지는 않았어도 이후 그의 정치 행보는 혁명의 약속들이 지켜지지 않은 데 대한 저항이었다. 대다수의 우크라이나 국민과 마찬가지로 젤렌스키도 정치인들이 앞에서는 거창한 말을 늘어놓고 뒤에서는 자기 잇속만 챙기는 꿍꿍이수작에 진절머리를 냈고, 소비에트 시절의 올드 엘리트들이 다시 의기투합해 새로운 기치를 내걸고 낡은 가치로 회귀하는 것에 경악했다.

하지만 기득권층이 계속해서 곪아가는 동안, 우크라이나는 변화하고 있었다. 시민 사회가 성장하면서 지금까지의 방식을 더 이상 참지 않기 시작했다. 2019년, 우크라이나 국민들은 부패한 '포스트 소비에트' 엘리트들을 끌어내리고 홀로보로드코라는 이름으로 더 잘 알려진 젤렌스키를 대통령으로 선출했다.

돈이 모든 것을 결정하는 올리가르히* 시스템—정

---

* Oligarch. 고대 그리스의 과두정치를 뜻하는 그리스어에서 온 용어로, 1991년 소련이 붕괴된 뒤 민영화 과정에서 부와 권력을 얻은 신흥 재벌과 관료들을 지칭한다. 이들은 막대한 부를 바탕으로 정치권과 결탁해 부정부패를 저지르고 막후 권력을 휘둘러왔다.

치 권력이 방송국과 은행은 물론, 소규모 민병대까지 보유하는 것이 거의 필수처럼 되었다 —에 젤렌스키 같은 아웃사이더가 뛰어든다는 것은 그가 출연한 드라마 속에서 평범한 교사가 대통령이 되는 것만큼이나 비현실적으로 보였다. 하지만 우크라이나인들은 원래 불가능해 보이는 것을 좋아한다. 러시아어를 사용하는 우크라이나 동부 주민이지만 (친러시아가 아닌) 친우크라이나 성향의 유대인 집안에서 태어난 젤렌스키는 전국 유권자의 73퍼센트가 넘는 표를 얻는 데 성공했다. 지금까지 그 어떤 선거에서도 우크라이나가 이렇게 단결한 모습을 보인 적이 없었다.

일부 우크라이나 내 자유주의자들liberals과 우크라이나를 주시하는 서방의 논자들은 젤렌스키의 승리에 회의적이었다. 그들은 젤렌스키에게 포괄적인 정책도, 전문가로 구성된 팀도 없다는 점을 우려했다. 하지만 젤렌스키는 부족한 정치 경험을 자신이 가진 유머 감각과 배짱, 소통 능력으로 채웠다. 젤렌스키가 자란 우크라이나 중부의 거친 공업 도시 크리비리흐에서는 이 세 가지 없이는 살아남을 수 없었다. 젤렌스키에게 우크라이나는 어떤 낭만적인 이상이 아니라 현실, 때로는 결점도 있고 분노를 일으키게도 하지만 동시에 자애롭고 독특한 현실이었다.

정치에 대한 그의 접근 방법 역시 전임자들과는 달랐다. 젤렌스키는 과거 많은 우크라이나 정치인과 달리 지역적, 언어적 분열을 이용하지 않았다. 그가 이용한 것은—'이용'이라는 표현이 적절한지는 모르겠지만—모든 우크라이나인이 공유하고 있는 무엇이었지, 그들을 가르는 것이 아니었다. 그들이 공유하는 것은 바로 뛰어난 문제 해결 능력과 평범한 일상에 대한 열망, 그리고 정부와 올드 엘리트에 대한 거부였다. 이걸 포퓰리즘이라 부른다면, 젤렌스키는 포퓰리스트이다.

나는 2021년 6월, 《이코노미스트》의 인터뷰를 위해 키이우의 대통령 청사 응접실에서 젤렌스키 대통령을 처음 만났다. 그 건물은 1936~39년에(스탈린의 '대숙청' 기간이기도 하다) 키이우 군구軍區 사령부 건물로 지어졌다. 제2차 세계대전 기간에는 나치 지휘부가 주둔해 있었으며, 전후에는 우크라이나 공산당 중앙위원회가 사용했다. 키이우 시내 중심부의 블록 한 개를 통째로 차지하고 있는 건물은 스탈린 정권, 그리고 국민 개개인을 압도하는 국가 권력의 물리적 현현顯現이었다.

젤렌스키는 그런 공간에 전혀 어울리지 않았다. 그역시 "저는 아직도 이곳이 편하게 느껴지지 않습니다"라고 말했다. 대통령 청사의 건축 양식은 젤렌스키가 꿈꾸는 탈중앙, 탈계급의 민주주의 국가와 정확히 반대였다. 나는 젤렌스키의 진정성, 우크라이나를 변화시키고자 하는 열망에 놀랐으나, 무엇보다 그가 그런 열망을 실현하기 위한 계획을 갖고 있지 않다는 사실에 놀랐다. 내 기사를 강렬하고 설득력 있게 만들어줄 프레임을 찾느라 애먹었다. 인터뷰에 실린 그나마 가장 멋진 문장 중 하나는 이것이었다.

"개혁의 추진 방식에 있어서 다소 성급했다는 것은 알지만, 저는 원래 출구 전략을 염두에 두고 일을 시작하는 사람이 아닙니다."

젤렌스키는 자기 능력 밖의 일에 덤벼든 것 같아 보였다. 그가 개혁하려는 체제가 오히려 젤렌스키를 무너트릴 것이 뻔했다. 하물며 전시 지도자 젤렌스키는 상상하기조차 힘들었다.

다시 젤렌스키를 만났을 때 대통령 청사는 애초 지어진 목적—군사 사령부—으로 쓰이고 있었다. 2022년 3월 말이었고 나는 편집기자 재니 민튼 베도스와 함께 기차로 키이우까지 갔다. 전쟁 발발 후 첫 우크라이나 방문이었고, 눈앞에 펼쳐진 풍경들은 제2차 세계대전을 다룬 영화 속 장면들을 떠올리게 했다. 도시에는 통금령이 내려져 있었고 기차는 적에게 발각될 것을 우려해 차내 전등의 조도를 낮춘 채 운행했다. 르비우역은 피난길에 오른 사람들로 가득했지만 으스스할 정도로 고요했다. 여자들 눈은 퀭하니 꺼진 채 말을 잃었고, 아이들은 울 기운조차 없어 보였다. 울려 퍼지는 공습 경보와 인적 없는 거리 곳곳에 놓인 탱크 저지물, 그리고 여전히 키이우 외곽에 진을 치고 있는 러시아군. 보이는 것과 들리는 것 모두 사람들의 망가진 일상을 말해주고 있었다.

　"우리의 요새에 온 것을 환영합니다." 모래주머니로 지지해놓은 대통령 청사 정문으로 들어갈 때 무장한 사내들이 우리에게 건넨 인사말이었다. 구 소비에트 수뇌부가 공습은 물론 핵전쟁도 견딜 수 있도록 지하 깊숙이 만들어둔 벙커에서 걸어 나오는 젤렌스키는 몇달 전 이 공간에 어울리지 않는 어색했던 모습과는 완연히 달랐다. 하지만 처철과 같은 분위기는 느껴지지 않았다. 그를 둘러싸고 일어나는 이 모든 엄청난 일들을 생각해보면 그런 역할놀이를 즐길 일말의 여유도 있을 리 없었다. 그는 군 최고통수권자가 아닌 엄청난 상황 속에 내던져진 한 평범한 인간처럼 말했다. 몇달 사이에 10년은 더 나이 들어 보였고, 턱수염이 자라 있었다.

정치인들은 인터뷰어의 질문을 듣는 법이 별로 없다. 상대의 말이 끝나기 무섭게 미리 준비한 메시지를 읊는 일이 훨씬 많다. 젤렌스키는 달랐다. 그는 질문에 귀를 기울였고, 생각을 했고, 3개 국어로 진행된 대화에 적극적으로 참여했다.

"우리는 영웅이 아닙니다. 우리는 우리가 해야 할 일을 합니다. 그리고 우리는 여기에 있습니다."

젤렌스키가 군대를 지휘하고 있지 않다는 것은 명백해 보였다. 그는 전쟁은 장군들에게 맡겨야 한다는 것을 아는 현명한 사람이다. 각 지역과 도시 시장, 공무원들을 일일이 통제하려 들지도 않았다. 현장에서 실무를 하는 이들이 더 잘 안다고 판단했기 때문이다. 우크라이나에서는 모두 자기가 가장 잘하는 일을 하고 있고, 젤렌스키도 예외가 아니다. 그가 가장 잘하는 일은 우크라이나 국민들과 소통하고, 외국 정부와 기업체 등에 로비를 해서 러시아에 맞설 무기를 공급받는 것이다. 현재 우크라이나는 사람들이 자발적으로 일하는 국가이며, 젤렌스키는 그런 자원봉사자들의 리더인 셈이다.

전 세계의 국회와 의회를 상대로 연설할 때, 젤렌스키가 호소하는 상대는 그 나라의 정치인들만이 아니다. 정치인은 그에게 가장 중요한 청중도 아니다. 젤렌스키는 그 정치인들을 선출한 그 나라 국민에게 호소한다. 젤렌스키의 연설에 마음이 움직인 베를린, 파리, 런던 시민들이 대규모 우크라이나 지지 시위를 벌여 자국 정부가 그 누구도 예상하지 못했던 수준의 지원을 하게 만들었다.

젤렌스키의 연설들이 듣는 이의 마음을 그토록 강렬하게 울린 것은 아마도, 그의 메시지에 담긴 도덕적 명료함과 힘이 사람들을 무관심한 상태로 남을 수 없게 만들었기 때문이다. 젤렌스키의 언어는 서방 세계의 사람들, 특히 젊은 세대가 찾고 있던 그 무엇을 담고 있었다. 오래도록 자유는 그저 당연히 주어지는 것으로 여겨지던 포스트 이데올로기 사회에서 그들은 젤렌스키의 말을 통해 일종의 의미감sense of meaning을 발견했다. 베를린 장벽의 붕괴와 이른바 '역사의 종말' 이후로 세계는 이렇게 큰 의미가 담긴 언어를 들어본 적이 없다.

우크라이나의 정체성과 문화, 민중을 말살하려는 푸틴의 대량학살 전쟁은 역사가 끝나지 않았으며 역사의 가장 큰 악인 파시즘 역시 죽지 않았음을 일깨워주었다. 하지만 이 전쟁을 시작한 것이 푸틴이라면 이 전쟁을 서술하는 이는 젤렌스키이다. 우크라이나어와 러시아어에서는 '역사history'와 '서사story'가 구분없이 쓰인다. 그리고 젤렌스키의 연설은 이 두 가지를 모두 담고 있다. 그는 제2차 세계대전 이래 유럽에서 일어난 가장 참혹한 분쟁을 서술하며 동시에 그 참상을 살아가는 평범한 사람들의 이야기를 들려준다.

젤렌스키가 직접 선정한 연설들을 모은 이 책은 그 이야기를 전달하기 위한 또 하나의 시도이다. 겨울이 지나고 봄이 오면서 그가 언급하는 사례들은 바뀌었지만 젤렌스키의 메시지는 변하지 않았다. 우크라이나가 겪고 있는 전쟁은 국지적인 영토 분쟁도, 지정학적 우위를 점하기 위한 싸움도 아니다. 이 전쟁은 핵무기로 무장한 부패 정권과 자신의 땅에서 자신의 방식으로 평화롭게 일상을 살고 싶어 하는 사람들 사이의 전쟁이다. 이 전쟁은 공감과 증오 사이의 전쟁이고 시민의 존엄과 노예의 굴종 사이의 전쟁이며, 궁극적으로는 삶과 죽음의 전쟁이다. 우크라이나의 전쟁은 모두의 전쟁이라고, 젤렌스키는 외친다.

푸틴이 전쟁을 시작했을 때, 우크라이나의 수도로 진격하는 러시아 군인들의 배낭에는 시가행진용 정복이 들어 있었다고 한다. 며칠 내로 시민들의 환영 속에 키이우의 거리를 행진할 거라 기대했기 때문이다. 그로부터 반년이 흘러 우크라이나의 독립기념일인 8월 24일이 되었을 때 키이우 시내 한복판에 남아 있는 러시아 탱크라고는 불에 타고 처참하게 부서진 것들뿐이었다. 파괴된 러시아 무기를 거리에 전시하는 것이 우크라이나인들이 자신의 저항 정신과 유머 감각을 보여주는 방식이다. 그리고 이날 젤렌스키는 전쟁의 전환점을 기념하는 연설을 한다. 그는 우크라이나가 더 이상 러시아와의 협상을 원하지 않는다고 했다. 이제 우크라이나가 원하는 것은 승리다.

이 글을 쓰고 있는 시점(2022년 10월)에서 우크라이나의 승리는 더 이상 불가능해 보이지 않는다. 독립기념일 주간에 우크라이나군은 눈부신 공세를 보여주었고, 러시아가 5개월에 걸쳐 힘겹게 점령한 지역들을 불과 며칠 만에 수복했다. 망신을 당하고 다급해진 푸틴은 우크라이나의 민간 인프라를 파괴하고 있고 핵 공격을 할 수 있다며 협박 중이다. 이에 젤렌스키는 소셜 미디어에 다음과 같이 응수했다.

"내 말을 똑똑히 들어라. 가스냐, 너희 없는 삶이냐? 너희 없이 살겠다. 불빛이냐, 너희 없는 삶이냐? 너희 없이 살겠다. 마실 물이냐, 너희 없는 삶이냐? 너희 없이 살겠다. 먹을 것이냐, 너희 없는 삶이냐? 우리는 너희 없이 살겠다."

젤렌스키의 언어가 가진 힘은 진실에서 나온다. 진실이야말로 그의 많은 연설을 정의하는 본질이다. 진실은 젤렌스키에게 세계가 우크라이나를 보는 시선을 근본적으로 바꿀 수 있는 힘을 주었다. 이 전쟁이 언제, 어떻게 끝날지는 아무도 알 수 없다. 전쟁이 마침내 끝났을 때 젤렌스키가 어떤 대통령이 될지 우리는 모른다. 하지만 한 가지만은 확실하다. 만약 이 전쟁의 목적이 우크라이나를, 우크라이나의 국가로서의 지위와 정체성을 말살하는 것이었다면, 푸틴은 우크라이나를 침략한 바로 그날 이미 패배했다. 젤렌스키가 그 첫 번째 영상에서 말했듯 우크라이나는 '여기에' 있다. 앞으로도 그럴 것이다.

A MESSAGE

FROM

UKRAINE

1부

우리의 가치

자유는 단순히 두 손이 묶여 있지 않다는 것을
의미하지 않습니다.
자유는 생각이 묶여 있지 않다는 것을 의미합니다.

볼로디미르 젤렌스키는 2019년 4월 우크라이나의 대통령에 당선되었다. 한때 TV 프로듀서이자 코미디언이었던 그는 4개월 동안의 선거 운동에서 자신이 정치인 출신이 아님을 강조하고, 자신이 우크라이나의 낡은 정치 엘리트에 맞설 것임을 역설했다.

이제 그는 나라를 새롭게 할 기회를 얻었다. 젤렌스키는 취임사에서 우크라이나가 새로운 가치들로 규정되는 '새로운 시대'에 들어서는 문턱에 있다고 말했다. 그날 이후로 젤렌스키는 우크라이나 의회에서 UN 안전보장이사회의 연단에 이르는 모든 장소에서 그 새로운 시대에 관한 자신의 비전을 설명했다.

그는 민주적인 독립 국가, 부패가 없는 나라, 유럽의 중심에 자신 있게 자리 잡은 나라로서의 우크라이나를 이야기했다. 젤렌스키는 또한 이런 새로운 시대를 가장 크게 위협하는 존재가 러시아라고 적시했다. 블라디미르 푸틴은 러시아 대신 유럽을, 독재 대신 민주주의를 선택한 우크라이나인들의 결정을 견딜 수 없기 때문이다.

1

이제 우리 모두가 대통령입니다

우크라이나 의회 연설·대통령 취임사
2019년 5월 20일, 키이우

제가 대통령에 당선된 후 여섯 살짜리 아들이 이런 말을 했습니다.

"아빠, 사람들이 TV에서 젤렌스키가 대통령이래. 그럼 나도 대통령인 거야?"

아이의 말을 들었을 때는 웃고 말았지만 나중에 생각해보니 맞는 말이었습니다. 왜냐하면 우리 한 명 한 명이 모두 대통령이기 때문입니다. 제게 표를 주신 유권자 73퍼센트만이 아니라, 우크라이나인 100퍼센트가 대통령입니다. 이 승리는 저만의 승리가 아니라 우리 모두의 승리입니다. 그리고 이 승리는 우리 모두에게 기회이며, 우리 모두는 이 기회에 책임이 있습니다.

저 혼자 취임 선서를 한 게 아니기 때문입니다. 우리 모두가 헌법전에 손을 얹고, 우리 모두가 우크라이나에 충성을 맹세한 것입니다.

이러한 신문 헤드라인이 실제로 등장한다면 어떨지 한번 상상해보십시오. "대통령이 세금을 탈루했다." "대통령이 음주 상태에서 신호를 위반했다." 혹은 "다른 사람도 그런다는 이유로 대통령이 조용히 절도를 저지르고 있다." 수치스럽지 않겠습니까? 우리 각자가 모두 대통령이라고 말씀드린 게 바로 이런 의미입니다. 우크라이나를 건설하는 것은 우리 모두가 함께 져야 할 책임입니다. 이제부터 우리 아이들에게 물려주고 싶은 나라를 만드는 책임은 우리 모두에게 있습니다.

우리가 유럽 국가가 된다면 유럽(인)다움은 우리 각자에게서 시작되기 때문입니다. 우리는 유럽으로 가는 길을 선택했지만 유럽은 '저 멀리'에 있는 땅이 아닙니다. 유럽은 여기, 우리의 마음속에 있습니다. 그렇게 유럽이 우리 마음속에 나타난다면 우크라이나 전역에 나타날 것입니다.

이것이 우리가 공유하는 꿈입니다. 하지만 우리는 고통 또한 공유합니다. 우리 모두가 돈바스에서 죽었습니다. 우리 모두가 난민입니다. 우리 모두가 이주 노동자입니다. 그리고 우리 모두가 빈곤 속에서 살고 있습니다.

하지만 우리는 이를 이겨낼 것입니다. 이 또한 우리 모두가 우크라이나인이기 때문입니다.

우리 나라에는 다른 사람보다 위에 있거나 아래에 있는 국민이 없습니다. 우주호로드부터 루한스크까지, 체르느히우부터 심페로폴까지, 르비우부터 하르키우까지, 도네츠크부터 드니프로, 오데사까지, 이 땅에 사는 모두가 우크라이나인입니다. 그리고 우리 모두는 하나가 되어야 합니다. 우리는 오직 단결할 때만 강하기 때문입니다.

따라서 오늘 저는 전 세계에 있는 우크라이나인에게 호소합니다. 세상에는 6500만 명의 우크라이나인이 존재합니다. 유럽과 아시아, 북미와 남미, 호주와 아프리카에 있는 우크라이나인 모두에게 호소합니다.

우리는 여러분이 필요합니다. 여러분이 새롭고 강

하고 성공적인 우크라이나를 만들 준비가 되었다면 저는 기꺼이 시민권을 드리겠습니다. 우크라이나를 방문하러 오지 마시고, 귀국하십시오. 외국에서 기념품을 사 들고 오지 마시고, 오직 여러분의 지식과 경험과 가치를 가지고 오십시오.

이는 우리가 새로운 시대를 여는 데 도움을 줄 것입니다. 그건 불가능한 일이며 환상에 불과하다고 생각하는 회의론자들도 있습니다. 하지만 만약 모든 역경에도 불구하고 단결해서 불가능한 일을 이뤄내는 바로 그 태도가 우크라이나라는 나라를 정의한다면 어떻게 하시겠습니까?

아이슬란드의 축구 대표팀이 2016년 유러피언 챔피언십에 진출했던 일을 기억하실 겁니다. 치과의사, 지휘자, 파일럿, 학생, 청소원이 아이슬란드의 자존심을 지키기 위해 한데 모였던 것 말입니다. 모두 불가능하다고 생각했지만 그들은 해냈습니다.

이는 우리가 가야 할 길이기도 합니다. 우리는 축구에서의 아이슬란드인, 국토방위의 이스라엘인, 기술의 일본인, 그리고 서로 다른 사람들이 조화롭게 사는 것으로는 스위스인들처럼 되어야 합니다.

그렇지만 우리의 첫 번째 임무는 돈바스의 휴전입니다. 저는 휴전을 위해 어떤 대가를 지불하겠느냐라는 질문을 종종 받습니다. 이상한 질문입니다. 여러분은 사랑하는 사람의 목숨을 위해 어떤 대가를 지불하겠습니까? 저는 우리 나라 영웅들의 죽음을 막기 위해서라면 그 어떤 대가도 지불할 수 있습니다. 명성, 지지율은 물론이고 필요하다면 대통령 자리도 포기할 준비가 되어 있습니다. 제가 포기할 수 없는 단 하나는 우리의 영토입니다.

역사는 불공평합니다. 이 전쟁을 시작한 것은 우리가 아닙니다. 하지만 이 전쟁은 우리가 끝내야 합니다. 그리고 우리는 전쟁을 끝내기 위해 대화할 준비가 되어 있습니다.

첫 단계는 우크라이나 포로들의 전원 귀환입니다. 두 번째 단계는 우리가 빼앗긴 영토를 모두 '되돌려받는' 것입니다. 되돌려받는다는 게 정확한 표현은 아닙니다. 이미 우리의 것인데 어떻게 되돌려받겠습니까? 크름반도와 돈바스 모두 우크라이나의 영토입니다.•

하지만 그 영토에서 우리는 가장 중요한 것을 잃었습니다. 그곳에 사는 사람들의 마음을 잃었습니다. 우리가 되찾아야 할 것은 바로 그들의 마음입니다. 지난 몇 년 동안 우크라이나 정부는 크름반도와 돈바스에 사는 주민들이 스스로를 우크라이나인으로 느끼게 하는 데, 그들이 외지인이 아니라 우리와 같은 국민임을 이해시키는 일에 아무런 노력도 하지 않았습니다.

그들이 열 개의 서로 다른 나라에서 열 개의 서로 다른 여권을 받는다고 해도 변하지 않는 게 있습니다. 우크라이나인임은 여권에 적힌 한 줄이 아닙니다. 우크라이나인임은 여기, 우리의 마음에 있습니다.

- 유로마이단 혁명으로 친서방 정부가 들어서자 당시 러시아계 주민 비율이 높은 크름반도와 돈바스 지역에서 분리·독립을 요구하는 목소리가 높아졌다. 이러한 상황에서 러시아가 재빨리 개입하며 2014년 2월 크름반도를 강제 병합했다. 명분은 우크라이나 정권 교체 과정의 위기 상황에서 크름반도의 러시아인을 보호한다는 것이었다. 이후 벌어질 러시아─우크라이나 전쟁의 시발점으로 본다. 크름반도 병합 이후 돈바스 지역에서도 2014년 4월 친러시아 반정부군 및 러시아군과 우크라이나군 사이의 전쟁이 발발했고, 8년이 넘은 지금도 진행 중이다. 2022년 2월의 침공 이후 러시아와 우크라이나 간 전면전으로 확대되었다.

2

남의 전쟁

UN 총회 연설
2019년 9월 25일, 뉴욕

이 자리에 있는 여러분은 각자 서로 다른 가치 체계와 서로 다른 문제를 갖고 있습니다. 하지만 여러분 모두를 하나로 묶어주는 것이 한 가지 있습니다. 처음 이 단상에 올라 연설했던 경험을 갖고 있다는 사실입니다.

그때의 느낌을 기억해보시기 바랍니다. 지금은 모두 존경받고 중요한 분들이지만 한때는 세계 정치 무대에서 '초보'였습니다. 그 이후로 여러분은 우리가 사는 세계를 규정하는 실용주의와 회의주의, 그리고 냉혹한 지정학적 현실을 경험했습니다. 하지만 그것들은 여러분의 열정을 식히지 못했습니다. 세상이 더 나아질 수 있다는 여러분의 굳은 믿음을 꺾지 못했습니다.

첫 연설 때 여러분 나라와 국민이 겪고 있는 어려움을 세계에 알리는 것이 얼마나 절박했는지를 떠올려보십시오. 그게 제가 오늘 느끼고 있는 것입니다.

이야기를 하나 들려드리겠습니다. 사람들에게 자신의 목소리를 들려주는 것에서 인생의 의미를 찾았던 사람의 이야기입니다. 이 남자는 아주 뛰어난 목소리를 갖고 있었습니다. 세계 최고의 바리톤이자 유명한 카운터테너 중 한 명이었습니다. 그는 뉴욕 카네기홀과 노트르담 대성당, 런던 코벤트가든, 파리 오페라 극장에서 공연했습니다. 여러분 모두 그의 뛰어난 노랫소리를 들어본 적 있을 겁니다.

하지만 더 이상 그의 목소리를 들을 수 없게 만든 것이 있습니다. 제가 보여드리겠습니다. 이렇게 생긴 물건입니다.* 이 12.7밀리미터가 성악가로서의 경력뿐 아니라 그의 생명마저 앗아갔습니다. 10달러밖에 하지 않는 물건입니다. 그게 오늘날 한 인간의 생명이 가진

* 젤렌스키가 총알을 들어 보여준다─원주.

값어치입니다.

이런 이야기가 수천 개가 되고, 이런 총알이 수백만 개가 됩니다. 이것이 우리가 사는 21세기입니다. 21세기는 기회의 세기가 될 줄 알았습니다. 하지만 그는 사람들에게 목소리를 들려줄 기회 대신 죽임당할 기회를 갖게 되었습니다.

그 사람의 이름은 바실 슬리팍Wassyl Slipak입니다. 우크라이나인이며, 파리 국립오페라단의 솔리스트였습니다. 그리고 그는 러시아의 침략에 맞서 돈바스를 지키다 전사했습니다.

돈바스에서의 전쟁은 벌써 5년째 계속되고 있습니다. 러시아가 우크라이나의 영토인 크름반도를 병합한 것도 5년째 계속되고 있습니다. 이를 막기 위한 국제법의 요구사항과 수백 개의 기구들이 있지만 국가의 주권을 지키고 영토를 보전해야 하는 것은 우리입니다. 손에 총을 들고 국민을 희생해가며 싸우고 있는 것은 우크라이나입니다.

1만 3000명이 넘는 사람이 목숨을 잃었고 3만 명이 부상을 입었습니다. 150만 명은 살던 곳을 떠나야 했습니다. 우리는 매년 이 자리에서 이 끔찍한 숫자를 반복해서 말씀드립니다만, 달라지는 게 하나 있습니다. 이 숫자가 계속해서 커지는 것입니다.

저의 목표는 전쟁을 끝내는 것이고, 점령당한 우크라이나 영토를 되찾는 것이고, 평화를 이룩하는 것입니다. 하지만 이를 위해 민간인을 희생시키거나, 우크라이나의 미래를 스스로 결정할 수 있는 권리나 자유를 포기하지는 않겠습니다. 이것이 우리가 세계의 지원을 필요로 하는 이유입니다.

여기에 있는 여러분이 자국의 이해를 가장 중요하게 여긴다는 사실을 잘 알고 있습니다. 다른 나라 사람의 문제가 여러분의 나라가 가진 문제보다 더 중요할 수는 없습니다.

하지만 우크라이나에서 일어나고 있는 일은 더 이상 '남의 전쟁'이 아닙니다.

우크라이나에서 전쟁이 벌어지면 여러분 중 누구도 안전하지 못합니다. 유럽에 전쟁이 벌어지면 안전한 나라는 세상에 없습니다.

우크라이나의 상황은 여러분이 걱정할 일이 아니라

거나, 여러분의 나라에 아무런 영향을 주지 않는다고 생각하신다면 치명적인 오산입니다. 지구적인 관점에서 세상을 들여다보면 그런 '디테일'에서 눈을 돌릴 수 없습니다. 1, 2차 세계대전의 기초가 그렇게 놓였습니다. 수천만의 목숨을 앗아간 것은 그런 무관심과 침묵이었고, 행동하기를 거부하고 자신의 야망을 희생하기를 꺼린 대가였습니다. 인류는 이런 끔찍한 역사의 교훈을 잊기 시작한 것입니까?

우크라이나는 기억하고 있습니다. 우크라이나는 항상 문명화된 방식으로 평화를 추구하려는 의지를 보여왔고, 국제 안보를 강화하기 위한 조치를 취해왔습니다. 우크라이나가 핵무기를 포기했던 때를 떠올려보십시오.* 당시 우크라이나가 가지고 있던 핵무기는 영국과 프랑스, 중국의 핵무기를 모두 합친 것보다 많았습

---

* 1994년 12월 5일 헝가리 부다페스트에서 카자흐스탄, 벨라루스, 우크라이나 3국과 러시아연방, 미국, 영국 간 양해각서를 체결했다. 이에 따라 우크라이나, 벨라루스, 카자흐스탄은 핵확산 금지 조약에 가입하고 구소련 시절부터 이들 국가에 배치되어 있던 핵무기 일체를 포기하는 대신, 러시아연방, 미국, 영국은 이들 국가에 핵 공격을 포함한 군사적, 경제적 위협을 가할 수 없다.

니다.

우리가 다른 세상을 건설하고 있음을 알았기 때문에 그렇게 했습니다. 새로운 세상, 핵무기를 갖고 있지 않아도 자신의 목소리를 전달할 수 있는 세상, 국가가 보유하고 있는 핵무기의 숫자가 아닌 행동으로 존중받는 세상 말입니다.

하지만 이 새로운 세상에서 우리 나라는 영토의 일부를 잃었고, 거의 매일 국민이 죽고 있습니다. 이 세계의 규칙을 다시 생각할 필요가 있다고 말할 권리가 우크라이나에 없다면 대체 누가 그 권리를 갖고 있겠습니까?

물론 국제기구, 특히 UN(국제연합)이 가진 권위에 의문을 제기하는 것은 아닙니다. 하지만 국제기구들이 가진 메커니즘이 완벽하지 않다는 사실은 인정해야 합니다. 솔직하게 말해봅시다. 오늘날 국가들은 정말로 연합되어 있습니까? 그렇다면 정확히 무엇이 그들을 하나로 묶어줍니까? 아마도 재난과 전쟁일 겁니다.

세계 최상위 플랫폼인 이곳 UN에서 우리는 항상 더 공정한 세상에 대한 요구와 정의에 대한 약속, 그리고

우크라이나에서 온 메시지

새로운 계획이 발표되는 것을 듣습니다. 이제는 그런 약속을 행동으로 보여줄 때입니다. 인간 생명의 값어치가 10달러인 세상에서 말은 그 가치를 잃은 지 오래이기 때문입니다.

1945년 UN이 설립되었을 때 그 목표가 평화와 국제 안보를 유지하고 강화하는 것이었음을 기억하시기 바랍니다. 국제 안보의 근간이 위협받고 있다면 어떻게 대응해야 하겠습니까?

오늘날 전쟁은 일어난 장소와 상관없이—그것이 우크라이나에서 일어났든, 시리아, 리비아, 예멘, 혹은 지구상 그 어느 곳에서 일어났든—그리고 인명 피해의 규모와 상관없이 그 자체로 인류 문명 전체에 심각한 위협이 됩니다. 이런 전쟁들은 2019년인 지금 여전히 호모 사피엔스는 상대방을 죽임으로써 분쟁을 해결하려 한다는 것을 보여줍니다. 인류는 이 땅에 등장한 이래로 더 멀리 이동하고, 정보를 교환하고, 질병을 치료할 수 있는 새로운 방법들을 찾아냈지만, 오직 한 가지만은 변하지 않고 남아 있습니다. 두 나라 사이의 분쟁은 여전히 토론이 아닌 미사일로 해결한다는 사실입니다. 말이 아닌 전쟁으로 말입니다.

전쟁이 멀리 있다고 착각하지 마십시오. 오늘날 군사적 수단과 기술, 그리고 무기는 지구가 예전처럼 크지 않다는 것을 보여줍니다. 제가 연단에 올라 지금 이 단락을 말할 때까지 걸린 시간이면 지구가 완전히 파괴될 수 있습니다.

이는 모든 국가의 지도자는 자기 나라의 운명뿐 아니라 전 세계의 운명을 책임지고 있다는 것을 의미합니다. 강한 지도자란 눈 하나 깜짝하지 않고 수천 명의 군인을 사지死地로 내모는 사람이 아님을 깨달아야 합니다. 강한 지도자는 모든 사람의 생명을 보호하는 사람입니다.

우리 스스로 한번 물어봅시다. 이 장소가 누군가에게는 정치적인 연극 무대에 지나지 않는다면, 우리가 여기 모여 회의를 하는 것이 인류에게 무슨 도움이 되겠습니까? 이곳이 그저 좋은 의도를 발표하는 장소로 변하고, 그렇게 발표한 좋은 의도가 나쁜 행동으로 상쇄된다면 말입니다.

우리는 이 연단에 올라와 어느 연극의 한 장면을 연

기하는 게 아닙니다. 지구상의 75억 인구는 단순한 관객이 아니라 직접 참여하는 사람들입니다. 그들의 삶을 구성하는 기초적인 것들이 이 자리에서 결정됩니다. 아니 심지어 그들이 앞으로 살아 있을지 여부도 여기에 있는 여러분 모두에게 달려 있습니다.

제가 지금 하는 이 연설이 훗날 '세상을 바꾼 15분'이라는 이름으로 불렸으면 합니다. 물론 수천 년 동안 존재해온 어떤 것을 15분 안에 바꾸기란 불가능하다는 것을 압니다. 많은 행동이론이 전쟁은 인간 본성의 필수적인 부분이라고 말합니다.

하지만 세상은 변하고 있고, 세상과 함께 사람들도 변합니다. 글자와 수학을 만들어내고 바퀴와 페니실린을 발명한, 그리고 우주를 정복한 종種인 인류에게는 아직 기회가 있습니다. 인류 문명이 처한 위험을 인식했다면 우리는 새로운 삶의 방식을 만들어내야 합니다. 공격성과 분노, 증오가 발을 붙이지 못하는 새로운 사고방식을 위해 싸워야 합니다.

신사 숙녀 여러분, 1970년 오늘 에리히 마리아 레마르크가 세상을 떠났습니다. 그의 소설 『서부 전선 이상 없다』는 90년 전 처음 출간되었습니다. 책의 서문에 적힌 말을 떠올려보십시오. "〔이 책은〕 비록 포탄은 피했을지 몰라도 전쟁으로 파괴된 세대를 이야기하려는 것일 뿐이다." 같은 해에 어니스트 헤밍웨이의 『무기여 잘 있거라』도 출간되었습니다. 헤밍웨이는 "승리했다고 전쟁에 이기는 것이 아니다"라고 썼습니다. 그는 전쟁의 승자도 진정으로 싸움을 멈추지는 않음을 이야기하려 했습니다.

전쟁으로 파괴된 세대가 다음 전쟁으로 가는 길을 닦는다는 사실을, 세계는 반드시 기억해야 합니다. 그렇게 일어나는 새로운 전쟁 역시 승리만으로는 이길 수 없습니다. 오늘날 사람들은 제3차 세계대전이 일어난다면 그것이 인류의 마지막 전쟁일 거라고 말합니다. 그 말이 우리의 미래에 대한 예언이 아닌, 지구가 처한 위험에 대한 인식이기를 바랍니다.

3

사랑의 반대

미국 홀로코스트 기념관 연설
2021년 9월 1일, 워싱턴 D.C.

82년 전 오늘, 1939년 9월 1일 제2차 세계대전이 발발했습니다. 이 전쟁을 초래한 것은 지독하게 인간적인 잔인성, 아니 오히려 지독하게 비인간적인 증오였습니다.

그것의 이름은 나치즘Nazism입니다. 82년 전, 나치즘은 인류를 노예로 만들고 세계를 지배하려 했습니다.

나치즘은 많은 다른 단어를 연상시킵니다. 죽음. 굶주림. 감금. 폭격당한 도시들. 잿더미가 되어버린 마을들. 불에 탄 사람들. 동부노동자들.* 강제수용소. 홀로코스트.

유럽에서 최소 600만 명의 유대인이 나치즘의 희생

자가 되었습니다. 그 가운데 네 명 중 한 명인 150만 명
이 우크라이나의 유대인들이었습니다. 오늘은 그중 어
느 한 가족 이야기를 하려고 합니다.

사형제의 이야기입니다. 사형제 중 세 명은 독일군
이 우크라이나를 침공했을 때 부모, 아내, 아이들, 그리
고 나머지 모든 친척과 함께 살해당했습니다. 막내만
은 살아남았습니다. 학살이 일어나는 동안 전선에서
싸우느라 고향에 없었기 때문입니다. 그는 전쟁이 끝
날 때까지 전선에 남아 싸웠고, 나치즘을 무너트린 승
리에 기여했습니다.

그는 4년 후에야 집으로 돌아왔습니다. 2년 뒤 그는
아들을 낳습니다. 그리고 31년이 지나 그의 손자가 태
어납니다. 그리고 다시 40년이 흘러 그 손자는 우크라
이나의 대통령이 됩니다. 바로 여러분 앞에 서 있는 사
람입니다.

* Ostarbeiter. ost는 동부를 arbeiter는 노동자를 뜻한다. 제2차 세계대전 중에
  나치가 중부 및 동부 유럽의 점령지에서 강제 노동에 동원한 슬라브인들
  로, 이들은 OST라고 적힌 표식을 부착했고 특히 가혹한 취급을 받았다. 우
  크라이나 지역에서 끌려온 이들이 상당수를 차지했다.

우크라이나에서 온 메시지

나치즘은 다시는 돌이킬 수 없이 영원히 패배했지만, 수많은 사람의 삶을 파괴하고 거의 모든 가정에 상처를 남겼습니다. 그러나 집집마다 나치즘에 맞서 싸우다 목숨을 잃은 사람들이 있는가 하면 그 싸움에서 살아남은 사람들도 있습니다.

그들 덕분에 그 기억이 미래 세대에게 전해 내려올 수 있었습니다. 그래서 우리는 '다시는 절대로 이런 일은 없다(Never again)'라고 말할 수 있습니다. 그래서 우리는 나치즘이 되살아나는 것을 막을 수 있습니다.

여전히 나치즘의 신념들—외국인 혐오와 불평등—을 지지하는 이들이 있는 것은 비극입니다. 이들은 많은 나라에 다양한 형태로 존재합니다. 하지만 우크라이나에서 이들의 영향력은 0보다 작습니다. 우크라이나에 인종차별과 불관용은 설 자리가 전혀 없습니다.

우크라이나인들이 나치이자 반유대주의자라고 거짓 선전을 퍼트리는 자들에게* 우크라이나인들이 어떻

---

* 러시아는 '특별 군사작전(우크라이나 침공)'의 목표 중 하나로 우크라이나의 '비나치화(denazification)'를 내세웠다—원주.

게 응수했는지를 보십시오. 우크라이나는 저를 대통령으로 뽑았습니다.

우크라이나는 인종차별에 대한 질문에 이미 수차례 대답했습니다. 정확하게는 최소 2,659번입니다. 이 숫자는 공식적으로 '열방의 의인'* 칭호를 부여받은 우크라이나인의 숫자입니다. 이들은 유대인을 구해낸 사람들입니다. 그중에는 자기 목숨을 바친 사람도 있습니다. 우크라이나는 세계에서 이 칭호를 받은 사람이 네 번째로 많은 나라입니다. 대통령으로서 저는 홀로코스트에서 유대인을 구한 우크라이나 시민들을 위한 종신 연금을 제정했습니다. 이는 그들의 용기와 희생을 기리기 위해 국가가 할 수 있는 최소한의 예우입니다.

앞으로도 우크라이나인의 정신에는 나치즘과 반유대주의가 발 디딜 자리가 없을 것입니다. 바빈야르 집단 학살에서 살아남은 사람들의 가슴에는 그런 악이 똬리 틀 자리가 없습니다.

---

* Righteous Among the Nations. 이스라엘 정부가 생명의 위험을 무릅쓰고 홀로코스트로부터 유대인의 목숨을 구한 비유대인에게 서훈하는 명예 호칭 – 원주.

지난해 홀로코스트 기념일, 키이우 한복판에 기념관 하나가 문을 열었습니다. 그곳에는 나치 점령기 키이우의 사진들이 전시되어 있습니다. 그중 한 사진에서는 사람들 무리가 살해당한 두 명의 유대인 옆을 지나치고 있었습니다.

끔찍한 장면이지만 미래 세대를 위해 꼭 필요한 표상입니다. 이 사진은 사람들이 신경 쓰지 않기로 선택할 때, 침묵을 선택할 때, 그냥 지나치기로 선택할 때 이런 악한 범죄가 비로소 가능해진다는 것을 보여줍니다. 우크라이나인들은 결코 잊지 않았습니다.

우리는 나치 점령군이 키이우에 내붙였던 짧고, 냉혹하고, 잔인한 공지문도 잊지 않았습니다.

'키이우와 인근 지역에 거주하는 모든 유대인은 1941년 9월 29일 월요일, 멜니카 데티야리브스카가街, 공동묘지 근처로 집결할 것. 각자 신분증과 돈, 속옷 등을 지참해야 함.'

수십 단어에 불과한 이 두 문장에 수십만 명이 참혹하게 목숨을 잃었습니다.

그날부터 이틀 동안 나치는 바빈야르에서 3만 4000

명 가까운 사람들을 살해했습니다. 그 후로 2년에 걸쳐 최대 20만 명이 학살당한 것으로 추정됩니다.

희생자들을 기억하고 애도하는 것은 우리의 의무입니다. 하지만 오래도록 애도는 존재하지 못했습니다. 소비에트 시절에는 집단 학살이 일어난 장소 위에 종합 스포츠 시설과 사격장이 세워졌습니다. 1991년 이후부터는 바빈야르를 불도저로 밀어버렸습니다. 지난 2년간 우리는 이를 바꿔왔습니다. 2020년 말, 저는 '바빈야르 국가 역사 기념 보존 구역의 추가 개발을 위한 조치'에 서명했습니다. 바빈야르의 희생자들을 존중하지 않은 역사의 실패를 바로잡으려는 노력의 일환입니다.

저는 아이들이 몇 살일 때 바빈야르에 데려가는 게 적절한지 생각해보았습니다. 아직 너무 이른 나이일까 하는 생각이 들었을 때 아우슈비츠에서 살아남은 여덟 살 소녀의 이야기가 떠올랐습니다. 이 소녀는 강제수용소 작업장에서 나치가 전장에서 사용할 폭탄과 포탄들을 분류하는 강제 노동을 했습니다. 불량품이 들어 있는 상자는 흰색으로 X자 표시를 하게 되어 있었습니다. 이 소녀는 몰래 몇몇 상자에서 X자 표시를 지워버렸습니다. 만약 누군가 그걸 봤다면 소녀는 그 자리에서 총살당했을 것입니다. 하지만 아랑곳하지 않고 그 일을 계속했습니다. 나치가 도시와 마을에 떨어트린 수천 개 폭탄 중 일부는 불량품이어서 폭발하지 않았습니다.

이 여덟 살 소녀가 얼마나 많은 목숨을 구했을까요? 정확한 숫자는 알 수 없습니다. 하지만 이 이야기는 어린이들에게 홀로코스트가 무엇인지, 나치즘이 무엇인지, 그리고 왜 나치즘이 절대로 다시 일어나서는 안 되는지를 알려주기에 '너무 이른' 나이는 없다는 사실을 가르쳐줍니다.

이제 곧 9월 29일이 됩니다. 바빈야르 집단 학살이 80주년을 맞이하게 됩니다. 우리는 10월 6일까지 일주일 동안 희생자들을 애도하며 그들을 기억하고 기념할 것입니다. 저는 여러분을, 여러분의 자녀와 손자 손녀를 우크라이나로, 그리고 키이우로 초대합니다. 키이우에 모여 바빈야르에서 숨진, 그리고 홀로코스트로 인해 스러져간 영혼들을 위해 함께 기도하려 합니다.

지나간 세대의 기억에 깊은 존경을, 그리고 앞으로 올 세대가 누릴 평화에 대한 굳건한 믿음을 갖고 함께 기도하려 합니다.

우크라이나 국민은 언제나 홀로코스트 희생자들을 기릴 것입니다. 우리의 가슴이 이 비극을 온전히 이해할 수 있는 이유는 우리 역시 홀로도모르*라는 크나큰 비극을 겪은 바 있기 때문입니다. 이는 회피할 수 없는 역사입니다.

마찬가지로 여러분도 지금 이 순간 우크라이나가 겪고 있는 비극을 회피할 수 없습니다. 돈바스에서 우크라이나 시민이 죽어가고 있습니다. 정교회 신자, 유대인, 가톨릭 신자, 무슬림, 그 외의 다양한 신앙을 가진 사람들이 죽어가고 있습니다.

80년 전 나치에게 해방된 우크라이나 동부 지역은 이제 두 번의 점령당한 역사를 기억하게 되었습니다.

---

* Holodomor. '1932~3년 우크라이나 대기근'으로도 일컫는 이 사건은 스탈린의 집단화 정책이 촉발한 대기근으로, 수백만 명의 우크라이나 농민이 굶어 죽었다. 우크라이나 역사학자들은 학살에 가까운 정책이었다고 평가한다.

지금 우크라이나에서는 할머니, 할아버지들이 손주들에게 전쟁 이야기를 들려주는 것이 아니라, 아이들이 자기 할머니, 할아버지에게 전황을 들려주고 있습니다.

지금 우크라이나에서는 전쟁이 벌어지고 있습니다. 여러분은 이 사실을 잊을 수도 없고, 외면하지도 못합니다.

이것이 단지 우크라이나와 러시아 사이의 문제라고 생각해서는 안 됩니다. 왜냐하면 나치즘 역시 그 시작은 국제법의 위반, 인권의 침해, 살인과 감금이었기 때문입니다. 아우슈비츠와 부헨발트 생존자로 노벨 평화상을 수상한 작가 엘리 위젤은 이렇게 말했습니다.

"사랑의 반대는 증오가 아니다. 무관심이다."

돈바스의 전쟁이나 크름반도의 점령에 무관심하지 마십시오. 우크라이나에 무관심하지 마십시오.

4

우리는 무릎 꿇지 않습니다

존엄과 자유의 날 연설
2021년 11월 21일, 키이우

우리는 우리의 미래를 손수 만들어나갈 자유로운 국민입니다. 우리는 이 사실을 자랑스럽게 생각해야 합니다. 우리는 이 자유를 얻기 위해 큰 희생을 치렀고, 지금도 치르고 있기 때문입니다.

우리는 우크라이나를 위해 목숨 바친 이들을 결코 잊지 않을 것입니다. 우리는 그들의 목숨을 빼앗고 우리의 자유를 빼앗으려 든 자들을 결코 용서하지 않을 것입니다. 그리고 우리는 저들이 성공하지 못했다는 사실과 앞으로도 절대 성공하지 못할 것이라는 사실에 무한한 자긍심을 느낍니다.

지금이야말로 우리가 우리 자신을 생각하는 방식을 바꿀 때입니다. 우크라이나인들은 희생자가 아닙니다. 우리는 핍박받거나, 분열당하거나, 갇혀 있지 않습니다. 우리는 아름답고, 강하고, 용감하고, 지성과 재능이 넘치는 국민입니다. 우리는 무릎 꿇지 않습니다.

　우리는 존엄한 국민이기에 무릎 꿇지 않습니다. 우크라이나인들은 단순한 진실을 알고 있습니다. 자유가 없는 삶은 삶이 아니라는 진실 말입니다. 자유를 잃는 것은 우리의 명예를 잃는 것임을 알고 있습니다. 명예를 잃는 것은 우리의 심장을 잃는 것입니다. 심장을 잃는다는 것은 우리의 영혼을 잃는 것입니다. 영혼을 잃는다는 것은 우리의 삶을 잃는 것입니다.

　심지어 우리가 목숨을 바치면서까지 자유를 위해 싸우는 이유입니다. 우리는 우리의 삶을 위해 싸우고 있습니다.

　존엄과 자유. 우크라이나인에게 이 두 단어는 아주 깊은 의미를 품고 있습니다. 저는 러시아의 포로로 잡혔던 우크라이나 수병들이 풀려나 돌아왔을 때 했던 이야기를 절대 잊지 못합니다. 그들은 포로였지만, 영혼은 자유로웠습니다. 큰 소리로 농담해서 간수들이 조용히 하라고 했답니다. 원래 포로수용소에서는 울음소리가 들리지만 우크라이나 군인들은 쉬지 않고 웃었다고 합니다. 나라를 가로질러 끌려갈 때, 트럭에 실려 가면서도 그들은 우크라이나 국가를 불렀습니다. 이 우크라이나인들은 포로처럼 행동하지 않았습니다. 자신의 존엄을 잃지 않았기 때문입니다. 그들은 타지에서, 심지어 감옥에 갇혀 있어도 여전히 자유로울 수 있다는 것을 보여주었습니다.

자유는 단순히 두 손이 묶여 있지 않다는 것을 의미하지 않습니다. 진정한 자유는 생각이 묶여 있지 않다는 것을 의미합니다.

바실 스투스*의 예를 들어보겠습니다. 소비에트 정권이 우크라이나 전역에서 총명한 젊은이들을 줄줄이 체포했을 때, 스투스는 세르게이 파라자노프의 영화 〈잊혀진 조상들의 그림자 *Shadows of Forgotten Ancestors*〉의 초연

---

* Vasyl Stus(1938~1985). 우크라이나의 시인이자 반체제 인사. 13년 동안 소비에트의 악명 높은 정치범 강제노동수용소인 페름 36호에 수감되었으며, 수감 중 단식 투쟁으로 사망했다.

행사에서 벌떡 일어나 말했습니다.

"이 체포 행렬에 반대하는 분들은 모두 일어섭시다."

몇몇 사람이 일어섰습니다. 잠시 후 더 많은 사람이 자리에서 일어섰습니다. 그리고 또다시 더 많은 사람이 자리에서 일어섰습니다.

스투스가 왜 저항을 결심했겠습니까. 그러한 행동으로 자신의 자유를 잃을 수 있다는 것을 알면서 말입니다. 하지만 그는 그렇게 하지 않으면 자신의 존엄을 잃을 것임을 알고 있었습니다.

오멜얀 코브치*도 있습니다. 홀로코스트 시기, 유대인들에게 기독교 세례 증명서를 써주어서 그들의 목숨을 구한 사제 말입니다. 이 일로 그는 마이다네크 강제수용소로 보내졌습니다. 그는 영원히 자유를 잃었지만 자신의 존엄만은 끝까지 잃지 않았습니다.

가족에게 보낸 편지에서 그는 강제수용소에서 조기

---

* Omelyan Hryhorovych Kovch(1884~1944). 우크라이나 가톨릭교회 사제. 1943년, 600명이 넘는 유대인에게 세례 증명서를 발급해 박해를 피하게 했다는 이유로 게슈타포에게 체포되어 폴란드의 마이다네크 강제수용소에서 사망했다.

석방될 기회가 있었음에도 계속 남아 있기로 결정한 것에 용서를 구했습니다.

"이곳에 있는 사람들은 저를 필요로 합니다. 그들은 곧 죽음을 맞을 것이라고 생각하고 제게 고해를 하러 옵니다. 제가 수용소를 나간다면 그들은 아무런 희망 없이 남겨질 겁니다. 이미 존엄과 명예, 자유를 빼앗겼습니다. 집과 친척, 이름을 빼앗겼습니다. 이제 머지않아 목숨까지 빼앗길 것입니다. 제가 그들에게서 희망마저 빼앗을 수는 없습니다."

레오니드 비코프*는 어떻습니까. 그는 자신의 원칙도, 창작의 자유도 포기하지 않았습니다. 그는 명작 〈오직 노인만이 전투로 나간다Only 'Old Men' Are Going into Battle〉를 컬러로 촬영하고 싶었습니다. 하지만 당국은 그에게 흑백필름만을 주었죠. 이것으로 그의 존엄이 상처를 입었을까요? 그랬을지 모릅니다. 하지만 그가 존엄을 잃었을까요? 그렇지 않습니다. 그는 흑백필름으로 수백만

* Leonid Fedorovich Bykov(1928~1979). 우크라이나의 배우이자 영화감독. 우크라이나 국민 예술가로 불린다.

관객의 사랑을 받은 작품을 만들어냈습니다. 존엄하고 자유로운 사람들의 이야기를 담은 영화를 말입니다.

1990년, 2004년, 그리고 2014년 키이우 독립광장에서 독재에 항거하며 일어섰던 사람들도 그랬고, 지금 우크라이나 동부의 참호에서 우리 나라를 지키고 있는 사람들 역시 그렇습니다.

그들 모두 서로 다른 사람들입니다. 가슴에 십자가를, 초승달을, 혹은 다윗의 별을 달고 싸우는 사람들입니다. 우크라이나 서부에서 온 이들이 있고, 남동부에서 온 이들도 있습니다. 러시아어를 쓰는 하르키우와 크리비리흐 출신도 있고, 우크라이나어를 쓰는 테르노필, 이바노프란키우스크 사람도 있습니다. 체르카시, 빈니차, 므콜라이우, 키이우, 돈바스, 루한스크, 그리고 크름에서 온 사람들도 있습니다.

모두 다른 사람들입니다. 모두 우크라이나인입니다. 모두 우리의 영웅들입니다. 그들은 존엄을 지키는 일은 절대 포기할 수 없다는 걸 알고 있는 사람들입니다. 우크라이나인들은 포기에 익숙하지 않습니다. 그것이 우크라이나인들이 자유를 빼앗기지 않은 이유입니다.

A MESSAGE

FROM

UKRAINE

2부

우리의 싸움

우리는 강합니다.

우리는 어떤 상황에도 준비되어 있습니다.

우리는 그 누구라 해도 무찌를 것입니다.

우리는 우크라이나이기 때문입니다.

2022년 2월 24일 새벽 4시 30분, 러시아의 군대가 우크라이나를 침공했다. 블라디미르 푸틴은 2021년에 이미 10만 명이 훨씬 넘는 군대를 국경 지역에 배치했고, 우크라이나의 주권을 요구하며 서유럽과 가까워지려는 선택을 포기하라고 위협했다.

많은 사람이 러시아 침략자들에 비해 수적으로 크게 열세인 우크라이나 군대가 무너지고, 우크라이나 정부 또한 붕괴할 거라 예상했다. 하지만 전쟁은 푸틴이 기대했던 대로 흘러가지 않았다. 우크라이나는 전쟁이 시작된 후 며칠이 지나고 몇 주가 지나도록 맞서 싸웠다.

젤렌스키도 함께 맞서 싸웠다. 그는 다른 나라로 도망가기는커녕, 수도 키이우에 남아 새로운 역할을 맡았다. 매일 연설을 한 것이다. 그의 연설은 우크라이나 국민들의 힘과 불굴의 투지를 잘 보여준다.

5

역사의 교훈

뮌헨 안보회의 연설
2022년 2월 19일, 뮌헨

이틀 전, 저는 돈바스 휴전선에 있었습니다.

공식적으로는 일시적인 점령 지역과 우크라이나 사이의 경계선입니다만, 이는 사실상 평화와 전쟁의 경계선입니다. 경계선의 한쪽에는 유치원이 있고 다른 쪽에는 폭탄이 떨어져 패인 구덩이가 있습니다. 한쪽에는 학교가 있고, 다른 쪽에는 미사일에 파괴된 놀이터가 있습니다.

서른 명의 어린아이가 점령된 쪽에 위치한 학교에 다니고 있습니다.

그 학교에서 물리 수업을 듣는 학생들이 있습니다.

비록 아이들이지만 기초적인 물리학 법칙을 배웠기 때문에 포격을 우크라이나군이 했다는 주장이 말도 안 된다는 것을 압니다.

수학 수업을 듣는 학생들도 있습니다. 계산기가 없어도 이 아이들은 지난 사흘간 그들이 사는 곳이 폭격당한 횟수와 금년도 뮌헨 안보회의 보고서에 우크라이나가 언급된 횟수의 차를 구할 수 있습니다.[*]

역사 수업도 듣습니다. 그래서 포격으로 학교 땅바닥에 거대한 구덩이가 패이면 이 아이들은 궁금해합니다. 세계는 20세기에 저질렀던 실수를 잊은 걸까?

유화 정책이 어떤 결과로 이어질까요? 이 아이들은 프랑스의 반전 슬로건을 기억합니다. "왜 우리가 단치히를 위해 죽어야 하는가?" 그리고 그 슬로건이 결국은 어떻게 됭케르크를 위해, 유럽과 전 세계의 수많은 도시를 위해 죽어야 하는 상황으로 이어졌는지도 기억합니다. 아이들은 유화 정책으로 수천만 명이 목숨을

---

[*] 2022년 뮌헨 안보회의 보고서는 7장 중 한 장을 통으로 동유럽 안보에 할애해 집중적으로 다뤘다 — 원주.

잃은 것을 알고 있습니다.*

이 모든 것들이 역사가 가르쳐주는 교훈입니다. 우리 모두 같은 교과서로 배웠습니다. 따라서 우리 모두 중요한 질문에 직면했다는 것을 알고 있습니다.

어떻게 21세기 유럽에 다시 전쟁이 일어나고 사람들이 죽는 일이 일어날 수 있습니까?

어떻게 이 분쟁이 제2차 세계대전보다 더 오래 지속될 수 있습니까?

어떻게 우리는 냉전 이래 가장 큰 안보 위기를 맞게 되었습니까?

영토의 일부와 수천 명의 국민을 잃은 나라, 국경 맞은편에 15만 명의 중무장한 러시아 군대가 주둔해 있는 나라의 대통령인 저에게 이 질문들에 대한 답은 분

• 1939년 봄부터 나치 독일은 폴란드에 발트해와 인접한 군사 및 교역·물류 요충지인 단치히 자유시(현 그단스크)를 양도할 것을 집요하게 요구했다. "왜 우리가 단치히를 위해 죽어야 하는가?"는 폴란드를 위해 영국과 프랑스가 굳이 자국의 피해를 감수하며 독일과 전쟁에 나서야 할 이유가 없다는 유화 노선을 상징하는 메시지였다. 결국 같은 해 9월 나치 독일이 단치히를 침공, 합병하면서 제2차 세계대전이 발발했다. 2차 대전 직전 유화 정책으로 일관한 영국과 프랑스의 태세는 나치 독일의 세 확장을 제때 견제하지 못한 최악의 역사적 실책 중 하나로 손꼽힌다.

명합니다.

이 취약한 안보 구조는 개선이 필요합니다. 세계가 수십 년 전 합의한 질서는 더 이상 작동하지 않습니다. 새롭게 등장하는 위협들에 제때 대응하지도, 제압하지도 못합니다. 코로나 백신이 필요할 때 기침용 시럽을 주는 정도의 역할밖에 하지 못합니다.

안보 체계가 취약합니다. 자꾸 문제가 생겨 작동을 멈춥니다. 여기에는 여러 가지 이유가 있습니다. 각국의 이기주의, 오만함, 그리고 무책임함이 세계적인 수준입니다. 그 결과 어떤 나라들은 범죄를 저지르고, 다른 나라들은 무관심으로 일관합니다. 그들은 무관심을 통해 범죄의 공범이 됩니다.

제가 지금 이 이야기를 하는 곳이 뮌헨 안보회의라는 사실은 상징적입니다. 15년 전, 러시아가 세계 안보 질서를 위협하려는 그들의 의도를 밝힌 곳이 바로 이 자리였기 때문입니다.

세계가 그때 어떻게 대응했습니까? 유화 정책이었습니다.

그 결과는 무엇이었습니까? 러시아의 크름반도 병

우크라이나에서 온 메시지

합과 우크라이나 침공이었습니다.

평화와 세계 안보를 지켜야 할 UN이 스스로를 지키지 못합니다. UN 헌장이 위반되었을 때도, 안전보장이사회의 회원국이 UN 창립국 중 하나를 침략했을 때도 UN은 스스로를 지키지 못했습니다. 러시아의 불법 점령을 평화적으로 종식하고 크름반도 주민들의 권익을 보호하기 위해 만들어진 크름 플랫폼*을 UN 스스로 무시했을 때도 마찬가지입니다.

3년 전 바로 이 자리에서 당시 독일 총리 앙겔라 메르켈은 이렇게 말했습니다.

"무너진 세계 질서를 누가 다시 일으켜 세울 수 있습니까? 우리 모두가 함께 나서야만 가능합니다."

청중은 기립 박수를 보냈습니다. 하지만 단체 박수가 단체 행동으로 이어지지는 않았습니다. 그리고 모두가 또 한 번의 세계대전의 위험성을 이야기하고 있

---

* 우크라이나가 주도한 국제회의로, 크름반도를 점령하고 있는 러시아에 대항해 크름반도 반환을 위한 국제적 지지 확보가 목적이었다. 2020년 젤렌스키 대통령의 제안으로 2021년 8월 23일 키이우에서 열린 크름 플랫폼 창설 회의에는 G7을 포함한 총 46개 국가 및 국제기구 대표들이 참석했다.

는 지금, 이 질문이 떠오르지 않을 수 없습니다. 무너진 질서를 고칠 방법은 전혀 없는 것일까요? 유럽과 세계의 안보 구조는 거의 다 파괴되었습니다.

고쳐서 쓰기에는 이미 너무 늦었습니다. 새로운 시스템을 세워야 할 때입니다.

인류는 과거에도 지금과 같은 상황을 두 번 맞이했습니다. 그리고 두 번 다 세계대전이라는 너무 큰 대가를 치렀습니다. 이제 우리는 전쟁이 반복적인 패턴이 되기 전에 이 흐름을 바꿀 기회를 맞이했습니다. 수백만 명의 희생자가 나오기 전에 다른 체계를 만들어야 합니다. 우리는 지난 두 번의 세계대전에서 배운 교훈을 기억하고 세 번째 전쟁이 일어나는 것만은 기필코 막아야 합니다.

여기, UN의 연단 위에서, 저는 21세기에 '남의' 전쟁은 있을 수 없다고 말한 바 있습니다. 우크라이나의 현 상황을 우리 모두가 심각하게 받아들여야 한다는 뜻입니다. 크름반도 병합과 돈바스에서의 전쟁은 전 세계의 모든 이들에게 영향을 미친다는 것을 깨달아야 합니다. 그리고 이는 우크라이나의 전쟁이 아니라 유럽의 전쟁이라는 것을 알아야 한다는 뜻입니다.

저는 똑같은 이야기를 2019년, 2020년, 2021년에도 했습니다. 2022년에는 세계가 제 말에 귀를 기울일까요?

세계가 이제 이 위협이 무엇인지 조금씩 눈을 떠가는 것 같지만, 아직 완전히 파악하지는 못하는 것 같습니다. 더 많은 행동이 필요합니다. 트위터나 신문 헤드라인으로 알리는 것만으로 해결될 일이 아닙니다. 이는 우크라이나에만 필요한 일이 아니라 다른 모든 나라에도 필요한 일입니다.

동맹국들의 지원이 있든 없든 우리는 우리의 영토를 지킬 것입니다. 물론 우리는 그 어떤 지원도 감사히 받아들일 것입니다. 그것이 수백 개의 최신 무기이든, 5000개의 헬멧이든 말입니다. 하지만 이것만은 모두가 아셔야 합니다. 우크라이나는 자선을 베풀어달라고 하는 것이 아닙니다. 여러분의 성의 표시를 고개 숙여 감사히 받겠다는 것도 아닙니다. 왜냐하면 여러분의 지원은 유럽과 세계의 안보를 위한 것이기 때문입니다.

우크라이나는 지난 8년 동안 세계를 위한 믿음직한

방패였습니다. 10년 가까이 우리는 세계 최강의 군사 대국 중 하나를 저지하고 있었습니다.

이제 그 군대가 서 있는 곳은 EU(유럽연합)의 국경선이 아닌 우리의 국경선입니다. 러시아의 그라드 로켓이 떨어진 곳은 EU의 도시가 아닌 마리우폴입니다. 무려 6개월 가까이 이어진 격전 끝에 결국 파괴된 곳은 프랑크푸르트가 아닌 도네츠크 공항입니다. 지난 며칠 동안 가장 전투가 치열했던 곳은 몽마르트르가 아닌 아우디이우카 공업지대입니다.

EU 국가들은 전국에서 매일 군장軍葬이 치러지는 게 어떤 일인지 모릅니다. 유럽의 다른 지도자들은 전몰 군인의 유족을 정기적으로 만나야 하는 게 어떤 일인지 알지 못합니다.

그렇지만 우리는 우리의 아름다운 국토를 지켜낼 것입니다. 국경에 진을 치고 있는 적군이 5만 명이든, 15만 명이든, 혹은 백만 명이든 개의치 않습니다. 정말로 우크라이나를 돕고 싶다면 러시아 군대의 규모나 그들의 화력에 집착할 필요가 없습니다. 그 대신 얼마나 많은 우크라이나인들이 그곳에 있는지 주목해주십시오.

우리는 러시아군의 공격이 시작되는 것이 2월 16일이든, 3월 1일이든, 12월 31일이든 개의치 않고 우리의 영토를 지켜낼 것입니다. 정말로 우크라이나를 돕고 싶다면 러시아가 감행할지 모르는 침공 일정을 두고 논의하는 것은 의미가 없습니다. 우리에게 필요한 일정은 따로 있습니다. 이 자리에 있는 모든 분은 그것이 무엇인지 너무나 잘 알고 있습니다.

내일은 우크라이나의 천상의 영웅 100위 기념일*입니다. 8년 전 우크라이나 국민은 중요한 선택을 했고, 이를 위해 많은 우크라이나인이 목숨을 잃었습니다. 그로부터 8년이 흘렀는데 왜 아직도 우크라이나는 EU에 가입을 승인해달라고 매달려야 합니까?

2014년 이후로 러시아는 우크라이나가 잘못된 길을 선택했으며, 유럽의 원조는 오지 않을 것이라고 끊임없이 주장해왔습니다. 왜 유럽은 러시아가 틀렸음을

---

* 2014년 우크라이나 혁명에서 숨진 백여 명의 의사들을 기리는 국가 기념일 — 원주.

보여주지 않습니까? 왜 지금 EU는 EU에 속한 시민들이 우크라이나의 EU 가입을 지지한다는 사실을 말하지 않습니까? 우크라이나는 분명하고 정직한 답을 들을 자격이 있지 않습니까? 같은 질문이 NATO(북대서양조약기구)에도 적용됩니다. 우리는 NATO의 문이 열려 있다고 들었습니다. 하지만 여전히 가입을 거부당하고 있습니다.

모든 회원국이 우크라이나를 인정하는 게 아니라면 솔직하게 말하십시오. 열려 있는 문도 좋지만, 지금 우리에게 필요한 것은 솔직한 답변입니다.

6

러시아 국민은
전쟁을 원합니까?

우크라이나와 러시아 국민을 향한 연설
2022년 2월 24일 0시 30분, 키이우

우크라이나 국민 여러분, 짧게 그리고 진심으로 말씀
드리겠습니다. 오늘 우리는 우리 나라의 방어력과 회
복력을 증대시켰습니다. 우리 나라를 지키고 있는 군
인들을 지원하기 위해 전국에 30일간 국가 비상 사태
를 선포했습니다. 335명의 국회의원이 이 결정을 지지
했습니다. 대규모 국방 연합이 작동을 시작했습니다.

국회는 또한 국방에 필요한 추가 예산을 채택했습니
다. 의원들이 내일 각자의 지역구로 이동해 여러분을
도울 것입니다. 해외에서도 우크라이나 지원책을 가동
하기 시작했습니다. 저는 또한 우크라이나 경제계 대

표들을 만났습니다. 이들은 직원들과 함께 우크라이나에 남아 나라를 지키기 위해 일할 것입니다. 우크라이나를 돕고 있는 모든 분에게 감사드립니다. 계속해서 일해주십시오.

이제부터는 러시아어로 이야기하겠습니다.• 오늘, 저는 러시아연방의 대통령과 통화를 시도했지만 되돌아온 것은 침묵뿐이었습니다. 하지만 제대로 된 세상이라면, 조용해야 할 곳은 크렘린이 아니라 돈바스입니다.

그래서 저는 오늘 우크라이나 대통령이 아닌 우크라이나의 일개 국민으로서, 모든 러시아 국민들에게 간곡하게 호소하려 합니다.

러시아와 우크라이나 사이에는 2000킬로미터가 넘는 국경선이 있습니다. 현재 여러분의 군대가 그 국경선에 있습니다. 20만에 가까운 병력과 수천 대의 장갑차와 군용 차량이 그곳에 있습니다. 러시아의 지도자들은 러시아 병력이 다른 나라의 국경을 넘는 것을 승

• 여기부터 젤렌스키의 연설은 러시아어로 진행된다 – 원주.

인했습니다. 이는 유럽 대륙에서 벌어질 거대한 전쟁의 시작을 의미합니다.

지금 전 세계는 다음에 일어날 일이 무엇인지에 대해 이야기하고 있습니다. 단순한 도발, 단 하나의 불꽃이라도 일어나는 날에는 모든 것이 타버릴 수 있습니다. 여러분은 이 불꽃이 우크라이나인들에게 자유를 가져다줄 것이라고 들어왔을 겁니다. 하지만 우크라이나인들은 이미 자유롭습니다. 우리는 우리의 과거를 기억하고, 우리의 미래를 직접 건설하고 있습니다. 무너트리는 것이 아니라 세우고 있습니다. 여러분이 매일 TV에서 듣는 것과 다릅니다.

여러분이 러시아 뉴스로 보는 우크라이나와 실제 우크라이나는 서로 완전히 다릅니다. 그리고 가장 큰 차이는 우리의 우크라이나는 실제로 존재하는 나라라는 사실입니다.

여러분은 우리가 나치라고 들었을 겁니다. 나치즘에 저항하다가 800만 명이 넘는 목숨을 잃은 나라가 어떻게 나치즘을 지지할 수 있습니까? 제가 어떻게 나치일 수 있습니까? 그 말을 제 할아버지에게 해보십시오. 할아버지는 소비에트 군대의 보병으로 참전해 전쟁의 시작부터 끝까지 싸웠고, 세상을 떠나실 때는 독립 국가 우크라이나의 대령이었습니다.

여러분은 우리가 러시아 문화를 혐오한다고 들었을 것입니다. 한 문화를 혐오한다는 게 어떻게 가능합니까? 이웃 나라들은 언제나 서로의 문화를 더 풍부하게 해줍니다. 하지만 그렇다고 해서 그 둘이 한 나라라는 게 아닙니다. 우크라이나가 러시아에 녹아드는 것도 아닙니다. 우리는 서로 다릅니다. 하지만 그게 우리가 서로의 적이 되어야 할 이유도 아닙니다. 우리는 그저 우리의 역사를 우리 손으로 써나가기를 원할 뿐입니다. 평화롭게, 차분하게, 정직하게 말입니다.

여러분은 제가 돈바스 공격을 지시하고 무차별 총격과 폭격을 퍼부었다고 들었을 겁니다. 그런데 아주 단순한 의문이 생기지 않습니까? 누구를 총으로 쏩니까? 어디에 폭탄을 떨어트립니까? 제가 수십 차례 방문해서 얼굴을 맞댄 도네츠크 시민들을 쏠까요? 친구들과 함께 거닐었던 아르티옴 거리를 폭격할까요? 2012년 유로컵에서 우크라이나 팀을 응원하려고 지역 주민들과 함께 함성을 질렀던 돈바스 아레나를 말입니까? 경기에 지고 나서 시민들과 함께 술을 마셨던 셰르바코바 공원을 말입니까? 저의 가장 친한 친구의 어머니가 사는 루한스크를 말입니까? 제 가장 친한 친구의 아버지가 묻힌 그곳을 말입니까?

저는 지금 러시아어로 말씀드리고 있습니다. 하지만 제가 말하는 장소가 어디인지 알아듣는 러시아인은 한 명도 없을 것입니다. 제가 언급한 장소와 거리, 이름과 사건들 전부 여러분에게는 낯설 것이기 때문입니다.

우리는 이곳이 우리 땅이기 때문에 싸웁니다. 이것은 우리 역사입니다. 여러분은 무엇을 위해서 싸우겠습니까?

여러분 중 많은 분이 우크라이나를 방문해보았을 것입니다. 우크라이나에 친척이 살고 있는 분들도 많을 것이고, 어쩌면 우크라이나에서 대학을 다녔거나 우크라이나인 친구가 있을 수도 있습니다.

여러분은 우리의 국민성을 알 것입니다. 여러분은 우크라이나인들을, 우리의 원칙을, 우리의 가치를 잘 알고 있을 것입니다. 그러니 여러분의 마음에 귀를 기울여주십시오. 그곳에서 나오는 이성과 상식의 목소리를 들어주십시오.

우리의 말을 들어주십시오. 우크라이나인은 평화를 원합니다. 우크라이나 정부는 평화를 원합니다. 우리는 평화를 원하고, 평화를 이룩하기 위해 할 수 있는 모든 일을 할 것입니다.

우리는 혼자가 아닙니다. 많은 나라가 우크라이나를 지원하고 있습니다. 왜 그러겠습니까? 평화를 위해 모든 것을 포기하겠다는 이야기가 아니기 때문입니다. 우리는 평화와 원칙, 둘 모두를 원합니다. 우리는 정의와 국제법을 원합니다. 자주 자결의 권리, 우리의 미래를 스스로 결정할 권리, 안보의 권리, 외부의 위협 없이 살 권리를 원합니다.

이 모든 것들이 우리에게 중요합니다. 세계 다른 나라들에도 중요합니다. 그리고 저는 이것들이 러시아 국민 여러분에게도 중요하다고 믿어 의심치 않습니다.

우리가 그 무엇보다 분명히 알고 있는 것은, 우리는 전쟁을 원하지 않는다는 것입니다. 냉전, 열전, 하이브

우크라이나에서 온 메시지

리드 전쟁, 그 어떤 종류의 전쟁도 말입니다. 하지만 만약 우리가 침략당한다면, 만약 누군가 우리 나라를, 우리의 자유를, 우리의 삶을, 우리 아이들의 삶을 빼앗으려 한다면, 우리는 우리 스스로를 지킬 것입니다. 우리를 공격한다면 러시아는 우리의 등이 아니라 우리의 얼굴을 보게 될 것입니다.

전쟁은 엄청난 대가를 치러야 하는 재앙입니다. 사람들은 재산을 잃고, 명성을 잃고, 삶의 질을 포기해야 합니다. 자유도 빼앗깁니다. 하지만 가장 중요한 것은 사랑하는 사람들을 잃고 자신의 목숨을 잃는다는 사실입니다. 전쟁에서 좋은 것은 단 하나도 없고, 오직 고통과 타락, 피와 죽음만 넘쳐날 것입니다. 이미 수천, 수만 명이 목숨을 잃었습니다.

여러분은 우크라이나가 러시아에 위협이 될 수 있다고 말합니다. 우크라이나는 과거에도 러시아에 위협이 된 적이 없고, 지금도 위협이 아니며, 미래에도 마찬가지일 것입니다. 여러분은 NATO에 안전보장을 요구해야 합니다. 우리는 러시아를 비롯한 부다페스트 양해각서에 서명한 나라들에 우크라이나의 안전보장을 요구합니다.

현재 우리는 그 어떤 방어 동맹에도 가입되어 있지 않습니다. 하지만 우크라이나의 안전은 이웃 국가들의 안전과 직결되어 있습니다. 그렇기 때문에 유럽 전체의 안보에 대해 논의할 필요가 있습니다.

하지만 우리의 가장 큰 목표는 우크라이나의 평화와 우크라이나인의 안전입니다. 이 목표를 이루기 위해, 우리는 러시아를 포함해 그 누구와도 대화를 나눌 준비가 되어 있습니다. 어떤 형식으로도, 어떤 회의에서도 좋습니다.

전쟁은 아무에게도 '보장'을 허락하지 않습니다. 따라서 그 누구에게도 안전은 더 이상 보장되지 못할 것입니다.

누가 가장 고통받겠습니까? 사람들입니다.

전쟁을 가장 원하지 않는 게 누구겠습니까? 사람들입니다.

누가 전쟁을 막을 수 있습니까? 사람들입니다.

여러분 중에는 그럴 사람이 있습니까? 저는 그렇다고 생각합니다. 저명인사, 언론인, 음악인, 배우, 체육인, 과학자, 의사, 블로거, 코미디언, 소셜미디어 인플루언서, 그 외에도 아주 많이 있을 것이라고 생각합니다. 남성, 여성, 노인, 어린이와 부모들, 특히 어머니들이 그럴 것입니다.

우크라이나 사람들처럼 말입니다. 우크라이나 정부처럼 말입니다. 러시아 정부가 여러분에게 어떻게 이야기하든 우리는 전쟁을 원하지 않습니다.

저의 이 호소가 러시아에서 방송되지 않을 거라는 걸 알고 있습니다. 하지만 러시아 국민들은 꼭 보셔야 합니다. 러시아 국민들은 반드시 진실을 알아야 합니다. 너무 늦기 전에 이 상황이 끝나야 한다는 것이 그 진실입니다.

러시아 지도부가 협상 테이블에 앉아 우리와 평화를 논의하고 싶어 하지 않는다 해도 국민인 여러분과는 논의하려 할지 모릅니다.

러시아 국민은 전쟁을 원합니까? 저 자신도 이 질문에 답하고 싶습니다. 하지만 이 질문에 대한 답은 오직 여러분, 러시아연방의 국민만이 할 수 있을 것입니다.

7

우리는
우크라이나입니다

우크라이나 국민을 향한 연설
2022년 2월 24일 오전 6시, 키이우

친애하는 우크라이나 국민 여러분, 푸틴 대통령은 오늘 아침 돈바스 지역에 특별 군사작전을 실시한다고 발표했습니다. 러시아는 우리의 군사 인프라와 국경 경비대를 겨냥한 공격을 감행했습니다. 우크라이나의 여러 도시에서 폭발음이 들렸습니다. 우리는 우크라이나 전역에 계엄령을 선포했습니다.

저는 조금 전에 바이든 대통령과 전화 통화를 했습니다. 미국은 이미 우리를 지원하기 위해 국제적 지지를 모으기 시작했습니다.

여러분 모두가 침착함을 유지해주시기를 부탁드립

우크라이나에서 온 메시지

니다. 가능하다면 집에서 나오지 마시기 바랍니다.

우리 모두가 나라를 지키기 위해 일하고 있습니다. 군대가 일하고 있습니다. 안보와 국방 분야 전체가 일하고 있습니다.

저는 여러분과 끊임없이 소통할 것입니다. 우크라이나의 국가안보국방위원회NSDC와 내각의 각료들도 여러분과 소통할 것입니다.

제가 곧 다시 소식을 전하겠습니다. 겁내지 마십시오. 우리는 강합니다. 우리는 모든 상황에 대비하고 있습니다. 우리는 그 어떤 세력도 물리칠 것입니다. 우리는 우크라이나이기 때문입니다.

우크라이나에 영광을(Slava Ukraini).•

• 우크라이나의 공식 경례 구호이다. 러시아의 침공 이후 우크라이나의 저항 및 지지의 슬로건으로 전 세계에 널리 알려졌다.

8

유럽과의 전쟁

유럽인들을 향한 연설
2022년 2월 25일, 키이우

올라프 숄츠 독일 총리는 어제 러시아의 우크라이나 침공을 두고 유럽에서 지난 75년 만에 처음 있는 일이라고 말했습니다. 맞는 말입니다. 하지만 온전한 진실은 아닙니다.

러시아는 단순히 우크라이나를 침공한 것이 아닙니다. 유럽과의 전쟁을 시작한 것입니다. 유럽의 단결에 대항하는 전쟁이고, 유럽의 가장 기본적인 인권에 대항하는 전쟁이며, 유럽 국가들의 평화로운 공존에 대항하는 전쟁, 그리고 유럽 국가들이 무력으로 국경 분쟁을 해결하기를 거부하는 사실에 대항하는 전쟁을 시작한 것입니다.

우크라이나의 도시들이 이틀째 폭격당하고 있습니다. 유럽은 줄지어 선 탱크와 공습을 본 적이 있습니다. 제2차 세계대전 때입니다. 우리는 한때 "절대로, 다시는 이런 일은 없다"라고 말했습니다만, 그 일은 다시 일어나고 말았습니다. 세계대전이 끝난 지 75년이 지난 2022년에 말입니다.

유럽이 이 상황을 보고 있다는 것을 압니다. 우리가 아직—적어도 완전하게는—모르는 것은 유럽의 여러분이 이 일에 어떻게 대응할 것인가입니다. 우크라이나를 보호하는 데 그렇게 느렸던 여러분이 어떻게 스스로를 지킬 수 있겠습니까?

우리는 여러 나라들이 취한 조치에 감사드립니다. 미국과 캐나다, 영국과 유럽연합, 호주, 뉴질랜드는 러시아를 상대로 분야별 제재를 시작했습니다. 러시아의 대형 은행과 기업에 제재가 가해졌고, 러시아의 서구 테크놀로지 사용이 제한되었습니다.

하지만 러시아 탱크는 여전히 우크라이나 도시의 민간인 거주 지역에 포탄을 쏘고 있습니다. 장갑차는 여전히 민간인을 공격하고 있습니다. 유럽은 이런 공격을 막을 만한 충분한 힘을 갖고 있습니다. 유럽은 무엇을 더 하실 겁니까?

러시아인들의 비자를 취소하시겠습니까? 러시아를 스위프트SWIFT*에서 제외하시겠습니까? 대사들을 소환하는 건 어떻습니까? 석유 금수 조치에 동의하십니까? 비행금지구역 설정은 어떻습니까? 이 모든 조치들이 논의 대상이 되어야 합니다. 러시아는 우리 모두에게, 유럽의 모든 나라에 위협을 주기 때문입니다.

지금이라도 러시아의 침략 행위를 막을 수 있습니다. 하지만 그렇게 하기 위해서는 바로 행동해야 합니다.

각국의 평범한 시민들도 도울 수 있습니다. 여러분이 거주하는 도시의 광장에 가서 우크라이나의 평화를 촉구하십시오. 유럽의 평화를 촉구하십시오. 이는 우리의 권리이고, 여러분의 권리입니다.

키이우에 폭탄이 떨어지면 유럽에 폭탄이 떨어지는

---

* 국제은행간통신협회. 전 세계 대부분의 금융기관을 연결해 데이터와 메시지를 전송하는 비영리기관이다. 미국과 EU는 이 연설이 나온 지 이틀 만에 러시아 금융기관들을 스위프트에서 제외하기로 결정했다.

우크라이나에서 온 메시지

것입니다. 미사일이 우크라이나인을 죽이면 유럽인이 죽는 것입니다. 우크라이나 방어를 강화하는 것은 유럽 방어를 강화하는 것이며, 민주주의 세계의 방어를 강화하는 것입니다.

유럽의 나라들은 강력한 결단을 서두르지 않으려 합니다만, 자국의 수도에 거주하는 유럽인들은 저희를 도울 방법이 있습니다. 우크라이나 대사관에 가서 도움을 제안하십시오. 여러분이 사는 나라 정부에 우크라이나에 더 많은 재정적, 군사적 원조를 하라고 요구하십시오. 이는 우리에게만 도움 되는 게 아니라 여러분에게도 도움이 됩니다. 유럽이 유럽 스스로를 돕는 것과 같습니다.

전투 경험을 갖고 있는 유럽인이라면, 그리고 우유부단한 정치인들을 팔짱 끼고 앉아 지켜보고 있기를 원치 않는다면, 우크라이나로 오십시오. 오셔서 유럽을 방어하십시오. 여러분의 도움이 긴급히 필요합니다.

유럽인 여러분, 러시아는 이미 여러분을 천연가스로 협박했습니다. 이미 여러분을 모욕했습니다. 러시아는 유럽을 분열시켜 지배하려 합니다. 지금 우크라이나를 분열시켜 지배하려고 애쓰고 있는 것처럼 말입니다.

여러분 스스로를 지키십시오. 우리가 우리 스스로를 지키고 있는 것처럼 말입니다.

3부

우리의 목소리

지금은 한 나라의 리더인 것만으로는 부족합니다.

이제는 세계의 리더가 되어야 합니다.

젤렌스키는 2022년 3월 8일 영국 의회 연설을 통해 러시아와의 전쟁에서 새로운 전선戰線을 열었다. 바로 '소통의 전쟁'이었다. 그날 이후 6개월 동안 젤렌스키 대통령은 전 세계인을 상대로 100번 넘는 연설을 했다. 각 연설의 내용은 달랐지만 전달하려는 메시지는 항상 같았다.

미국 의회에서 이스라엘 의회에 이르는 모든 연설에서 젤렌스키는 우크라이나에 군사원조를 제공하고 러시아에 제재를 가해야 할 필요성을 강조했으며, 민주주의와 자유를 지지해야 할 필요성을 강조했다. 젤렌스키는 연설을 통해 우크라이나인들의 목소리를 세계 무대에 전달했다.

9

우크라이나는 위대함을
원하지 않았습니다
하지만 우크라이나는
위대한 나라가 되었습니다

영국 의회 연설
2022년 3월 8일, 런던 (화상 연결)

저는 오늘 모든 영국 국민 앞에 섰습니다. 영국 국민은 위대한 역사를 가진 위대한 사람들입니다. 저는 또 다른 위대한 나라, 꿈을 가진 위대한 나라의 국민 한 사람으로서, 그리고 대통령으로서 말씀드리고 있습니다.

여러분에게 지난 13일간 우리가 겪은 전쟁에 관해 이야기하고자 합니다. 우리가 시작하지도, 우리가 원하지도 않은 전쟁이지만, 우리는 이 전쟁을 계속하고 있습니다. 왜냐하면 우리의 것, 즉 우리 나라 우크라이나를 잃고 싶지 않기 때문입니다. 나치가 영국을 침공하려 했을 때 영국 국민이 영국을 잃고 싶지 않았던 것처럼, 영국을 위해서 싸워야만 했던 것처럼 말입니다.

첫째 날, 새벽 4시에 크루즈 미사일이 발사되었습니다. 우크라이나의 모든 국민이, 남녀노소 가리지 않고 모두 잠에서 깼습니다. 그날 이후 우리는 잠들지 못하고 있습니다. 우리는 무기를 들었고, 위대한 군대가 되었습니다.

둘째 날, 우리는 하늘에서, 땅에서, 바다에서 맞서 싸웠습니다. 흑해 즈미이니섬의 국경수비대 영웅들은 이 전쟁이 어떻게 끝나게 될 것인지 모두에게 보여주었습니다. 러시아 군함이 투항을 요구했을 때, 그들은 음, 국회에서 옮길 수 있는 표현은 아닙니다만,* 어쨌든 단호하게 응수했습니다. 바로 그 순간 우리는 힘을 느꼈습니다. 그것은 침략자에게 끝까지 저항하는 사람들의 힘이었습니다.

---

* 2022년 2월 24일, 러시아군이 투항을 요구하자 즈미이니섬의 수비대가 러시아 미사일 순양함 모스크바호에 보낸 마지막 무전은 "러시아 군함, 가서 엿이나 먹어(Russian warship, go fuck yourself)"였다. 이 메시지는 곧 우크라이나 저항의 상징이 되어 전 세계로 퍼져나갔다. 우크라이나 수비대는 러시아와의 교전 후 전원 포로가 되었으나 3월 석방되었다. 4월 13일 모스크바함은 우크라이나의 지대함 미사일 공격을 받아 침몰했다.

셋째 날, 러시아군은 뻔뻔스럽게도 민간인과 아파트 건물에 폭격을 가했습니다. 그들은 대포를 쏘고 폭탄을 떨어트렸습니다. 마침내 전 세계는 누가 누구인지 알게 되었습니다. 어느 쪽이 위대한 국가이고, 어느 쪽이 짐승들인지를 말입니다.

넷째 날, 우리는 러시아 군인들을 생포하기 시작했습니다. 그러나 우리는 존엄을 잃지 않았습니다. 러시아 포로들을 학대하지 않았습니다. 우리는 인간으로서 그들을 대했습니다. 이 수치스러운 전쟁이 나흘 동안 지속되었음에도 우리는 인간성을 잃지 않았습니다.

다섯째 날, 우리를 공포에 몰아넣으려는 시도가 분명해졌습니다. 도시를 상대로, 작은 마을들을 상대로 테러가 일어났습니다. 집과 학교, 병원 위로 폭탄이 쏟아졌습니다. 이 전쟁은 집단 학살 행위입니다. 그러나 이 전쟁은 우리를 부러트리지 못합니다. 이 전쟁은 우리를 결집시켰고, 세상에 대한 거대한 진실을 가르쳐 주었습니다.

여섯째 날, 러시아의 미사일이 바빈야르를 타격했습니다. 제2차 세계대전 중에 나치는 이곳에서 10만 명이 넘는 사람들을 살해했습니다. 80년이 지난 지금 러시아는 이곳을 폭격함으로써 희생자들에 대한 기억을 모독했습니다.

일곱째 날, 우리는 러시아군이 교회들마저 파괴하고 있다는 것을 알게 되었습니다. 그들은 신성함도 위대함도 이해하지 못합니다.

여덟째 날, 전 세계는 러시아 탱크가 유럽 최대의 원자력 발전소를 공격하는 것을 목격했습니다. 이로써 세계 사회는 이 전쟁이 우크라이나만이 아닌 인류 전체에 대한 테러, 즉 세계 테러great terror임을 알게 되었습니다.

아홉째 날, NATO 의회연맹 총회는 우리가 기대했던 결과를 내놓지 않고 끝났습니다. 우리가 NATO에 기대했던 용기도 보여주지 않았습니다. 우리는 연대가 작동하지 않는다고 느꼈습니다. 심지어 NATO는 비행금지구역도 설정하지 못하고 있습니다. 유럽의 안전보장이 처음부터 다시 설계되어야 하는 이유입니다.

열째 날, 러시아군에 점령당한 모든 도시에서 비무장 시민들이 시위에 나섰습니다. 그들은 맨손으로 탱크를 막아섰습니다. 이제 그 누구도 우리를 꺾을 수 없습니다.

열한째 날, 아이들이, 도시들이, 병원들이 로켓포 공격을 당했습니다. 소아암 병동에 있던 어린이들이 긴급 대피해야 했습니다. 모든 우크라이나인들이 영웅이 되었음을 깨달은 것이 이때입니다. 우크라이나인은 어른, 아이 할 것 없이 모두가 강인하고, 우크라이나의 도시들도 강하게 맞서고 있습니다.

열두째 날, 러시아군의 사망자가 이미 1만 명을 넘어가고 있는 와중에 러시아 장군까지 사망했습니다. 우리는 자신감을 얻었습니다. 모든 범죄, 모든 부끄러운 명령에는 누군가 책임을 져야 하기 때문입니다. 국제형사재판소가 하든, 우크라이나의 총탄이 하든, 그 책임은 반드시 물을 것입니다.

열셋째 날, 러시아가 점령한 마리우폴에서 어린아이가 탈수 증세로 숨졌습니다. 러시아군이 물과 식량 공급을 끊었기 때문입니다. 생필품 공급이 막히자 시민들은 공포에 사로잡혔습니다. 여러분, 모두가 진실을 알아야 합니다. 지금 우크라이나에는 물 없이 버텨야 하는 사람들이 있습니다.

이 13일 동안, 50명의 어린이가 목숨을 잃었습니다. 인생을, 미래를 꽃 피울 수 있었던 50명의 어린 생명을 러시아가 우리에게서 빼앗아 갔습니다.

우리는 이 전쟁을 원하지 않았습니다. 우크라이나는 위대한 나라가 되려 한 적이 없었습니다. 하지만 지난 13일간, 우크라이나는 위대한 나라가 되었습니다.

우크라이나는 점령군의 테러에 맞서 생명을 구하는 나라입니다. 세계에서 가장 강한 군대 중 하나가 침략해왔음에도 자유를 지키는 나라입니다. 우크라이나의 영공은 여전히 러시아의 미사일과 폭격기, 헬리콥터의 공격에 노출되어 있지만 우크라이나는 스스로를 방어하고 있습니다.

"죽느냐 사느냐(To be or not to be)"라는 유명한 문장을 생각해보십시오. 13일 전만 해도 이것은 질문이었습니다. 이제는 아닙니다. 우리의 답은 명확합니다. 우리는 '살아서' 자유를 누릴 것입니다.

영국 국민이 과거에 들었던 말을 제가 이 자리에서 한 번 더 하고자 합니다. 아주 중요한 말이기 때문입니다.

"우리는 끝까지 싸울 것입니다. 우리는 바다와 대양에서 싸울 것입니다. 우리는 더 큰 자신감으로, 더욱 강해져서 하늘에서 싸울 것입니다. 우리는 그 어떤 대가를 치르더라도 우리의 땅을 지켜낼 것입니다.

우리는 해변에서 싸울 것입니다. 우리는 비행장에서 싸울 것입니다. 우리는 들판과 거리에서 싸울 것입니다. 우리는 언덕에서 싸울 것입니다."•

저는 여기에 감히 덧붙이겠습니다. 우리는 탄광의 돌무더기 위에서 싸울 것입니다. 우리는 칼미우스강과 드니프로강의 제방 위에서 싸울 것입니다.

우리는 절대 항복하지 않습니다.••

여러분의 도움에 감사드리고, 저의 친구 보리스 존슨 영국 총리에게도 감사드립니다. 부탁드리건대, 러

• 여기에서 젤렌스키는 1940년 6월 4일 처칠이 영국 하원에서 했던 연설 '우리는 해변에서 싸울 것이다'를 인용하고 있다. 프랑스가 나치 독일의 수중에 떨어진 후 독일군의 영국제도 상륙에 대한 불안감이 높아진 상황에서 영국은 절대로 물러서지 않겠다는 의지를 고취시킨 연설이다. 세계 역사상 최고의 명연설 중 하나로 꼽힌다.
•• 원문은 "We shall never surrender." 이 문장 역시 앞에서 언급한 처칠의 연설에서 인용했다.

시아에 대한 제재를 강화해주십시오. 러시아를 테러리스트 국가로 지정해주십시오. 우크라이나 영공의 안전을 보장해주십시오.

여러분의 나라 영국이 가진 위대함이 여러분에게 요구하는 일을 하십시오.

10

평화의 리더

미국 의회 연설
2022년 3월 16일, 워싱턴 D.C. (화상 연결)

러시아가 공격하는 것은 우리의 땅과 도시들만이 아닙니다. 러시아는 우리가 수호하는 가치까지 잔인하게 공격했습니다.

우리가 가진 삶의 권리, 자유의 권리, 자신의 미래를 스스로 결정할 권리, 행복을 추구할 권리를 탱크와 폭격기로 덮쳤습니다. 러시아는 우리 나라의 꿈을 상대로 전쟁을 하고 있는 것입니다. 미국의 꿈, 아메리칸드림과 전혀 다르지 않은 우리 나라의 꿈을 상대로 말입니다.

저는 러시모어산 국립기념지의 바위에 새겨진 위대

한 대통령들의 얼굴을 기억합니다. 오늘날 미국의 초석을 마련한 분들을 기념하는 조각이죠. 그 초석이란 민주주의와 독립, 자유, 그리고 성실하게 일하고 정직하게 살며 법을 준수하는 모든 시민을 보호하는 사회일 것입니다. 우크라이나 국민 역시 똑같은 것을 원하고 있습니다.

여러분, 미국 역사책에는 현재 우크라이나에서 일어나고 있는 일이 어떤 것인지 이해할 수 있도록 해줄 페이지가 있습니다. 1941년 12월 7일의 그 끔찍한 아침을 떠올려보십시오. 일본이 진주만을 공습한 바로 그날 말입니다. 폭격기로 새까맣게 덮인 하늘을 보았을 때의 느낌을 떠올려보십시오.

2001년 9월 11일을 떠올려보십시오. 악이 미국의 도시들을 전쟁터로 만들려 했던 그날을 떠올려보십시오. 아무도 상상조차 못 했던, 누구도 막을 수 없었던 방법으로 공격받아 죽어간 죄 없는 사람들을 떠올려보십시오.

그런 일들을 우리 나라는 매일 겪고 있습니다. 러시아는 지난 3주 동안 단 하루도 빠짐없이 오데사와 하르

우크라이나에서 온 메시지

키우, 체르느히우, 수미, 지토미르, 르비우, 마리우폴, 그리고 드니프로의 하늘을 죽음의 장소로 바꿔놓았고 수천 명의 목숨을 앗아갔습니다. 러시아군이 지금까지 발사한 미사일은 1000기에 육박하며, 폭탄의 수는 셀 수도 없습니다. 지난 80년 동안 유럽에서는 본 적 없는 규모의 테러입니다.

저는 이 테러에 전 세계가 응답해달라고 요청하기 위해 이 자리에 왔습니다. 이게 지나친 부탁입니까?

우리는 먼저 비행금지구역 설정을 요청합니다. 비행금지구역이 설정되면, 러시아는 더 이상 우리의 평화로운 도시에 밤낮으로 테러할 수 없게 됩니다.* 이 요청이 무리라면 대안이 있습니다. 무기입니다. 우리에게 어떤 방어 체계가 필요한지, 항공기 사용이 얼마나 중요한지는 이야기하지 않아도 알고 있을 것입니다.

---

* 특정 지역 상공에 적국의 비행기가 진입하지 못하도록 하는 일종의 군사 통제구역. 분쟁 상황에서 이 구역에 진입하는 비행기는 전투기, 수송기, 정찰기를 가리지 않고 격추 대상이 된다. 즉, NATO와 미국이 우크라이나 상공을 비행금지구역으로 설정하면 진입하는 러시아 항공기를 격추할 수 있다. 이는 러시아에 대한 서방 세계의 전면전으로 진화할 수 있어 NATO와 EU, 미국은 우크라이나 상공의 비행금지구역 설정을 꺼려왔다.

미국의 국민, 미국의 자유를 수호하는 항공기라면 우크라이나를 도울 수 있고 유럽도 도울 수 있습니다.

"나에게는 꿈이 있습니다(I have a dream)."• 미국인이라면 누구나 알고 있는 문장입니다. 오늘 저는 이렇게 이야기하겠습니다. "나에게는 필요한 것이 있습니다(I have a need)." 지금 우리에게 이 문장은 여러분이 "나에게는 꿈이 있습니다"라고 말할 때와 똑같은 의미를 갖습니다.

미국의 전폭적인 지원에 우크라이나가 감사하고 있다는 사실을 알아주십시오. 이제까지 미국과 미국인이 우리의 자유를 위해 해주신 모든 것들에 감사드립니다. 우크라이나는 미국에서 보내준 무기와 탄약, 군사훈련과 지원금, 그리고 침략자에 가하는 경제적 압력에 진심으로 감사를 표합니다. 또한 우크라이나 방어와 세계 민주주의 수호에 헌신해온 바이든 대통령에게도 감사드립니다. 우크라이나인을 상대로 범죄를 저지르는 자는 전범으로 간주하겠다는 결의에도 감사드립

• 미국의 인권운동가 마틴 루서 킹 목사가 1963년에 했던 연설의 유명한 문구.

니다. 하지만 우리 나라의 가장 어두운 시기인 지금 저는 여러분께 그 이상을 거듭 촉구합니다.*

오늘날에는 한 국가의 리더가 되는 것만으로는 충분하지 않기 때문입니다. 이제는 세계의 리더가 될 필요가 있습니다. 그리고 세계의 리더가 된다는 것은 곧 평화의 리더가 된다는 것을 뜻합니다.

여러분 나라의 평화는 더 이상 이 나라와 국민에게 일어나는 일에만 달려 있지 않습니다. 동맹국들의 힘에 달려 있습니다.

여러분 나라의 평화는 여러분의 용기에 달려 있습니다. 전 세계 시민의 생명을 위해, 인권과 평화를 위해, 존엄하게 살고 자연의 섭리에 따라 죽을 권리를 위해 싸울 준비가 되어 있느냐에 달려 있습니다.

이 모든 가치가 이웃 나라로부터 위협당할 때에도 결코 포기하지 않을 수 있느냐에 달려 있습니다.

오늘날, 우크라이나 국민은 우크라이나만을 방어하고 있는 것이 아닙니다. 우리는 유럽과 전 세계의 가치

---

* 이다음부터 젤렌스키는 영어로 연설한다 – 원주.

를 지키기 위해 더 나은 미래라는 이름으로 우리의 목숨을 희생하며 싸우고 있습니다.

따라서 현재 미국 국민은 단순히 우크라이나를 돕는 게 아니라 세상의 정의를 지키고자 유럽과 전 세계를 돕고 있는 것입니다.

이제 제 나이는 마흔다섯이 되어갑니다. 그런데 지난 몇 주 동안 백 명도 넘는 어린아이들의 심장이 더는 뛰지 않게 되었습니다. 이 죽음을 막지 못한다면 제 삶에 무슨 의미가 있겠습니까.

그리하여, 우리 나라의 대통령으로서 저는 바이든 대통령에게 말씀드립니다. 당신은 위대한 국가의 리더입니다. 저는 당신이 전 세계의 리더가 되어주기를 바랍니다.

세계의 리더란 곧 평화의 리더를 의미합니다.

11

이 벽을 허무십시오!

독일 의회 연설
2022년 3월 17일, 베를린 (화상 연결)

우크라이나 국민은 지난 3주 동안 전쟁을 겪으며 예전에 의심조차 하지 않았던 것을 확신하게 되었습니다. 아마 여러분은 아직 눈치채지 못했을 것입니다.

여러분이 또 다른 장벽 뒤에 있는 것처럼 느껴집니다. 베를린 장벽이 아니라 유럽 한가운데에 서 있는 벽, 자유와 굴종을 가르는 벽 말입니다. 우리의 땅에 폭탄이 떨어질 때마다, 평화가 아닌 다른 이름으로 결정들이 내려질 때마다, 그 벽은 점점 더 견고해집니다.

어떻게 이런 일이 일어났을까요? 우리가 노르트스트림*을 두고 거대한 전쟁을 대비해 만들어지는 무기라고 경고했을 때 '경제' 그 이상의 의미는 없다는 대답이 돌아왔습니다.

하지만 그것은 새로운 장벽을 쌓기 위한 시멘트였습니다.

우리가 NATO에 가입하기 위해, 우리의 안보를 확보하기 위해 무엇을 해야 하느냐고 물었을 때 돌아온 대답은 "우크라이나의 NATO 가입은 현재 논의 대상이 아니며, 가까운 미래에 논의되는 일도 없을 것이다"였습니다. 같은 방식으로 우크라이나의 EU 가입도 지연되고 있습니다. 이를 두고 정치라고 말하는 사람들도 있습니다.

사실 이것은 정치가 아니라 벽돌입니다. 새로운 장벽을 쌓기 위한 벽돌 말입니다.

우리는 러시아에 예방적 제재를 가할 방법을 강구하면서 유럽 여러 나라에 이를 청했습니다. 여러분(독일)에게도 요청했죠. 하지만 저항에 부딪혔습니다. 우리

• 러시아-유럽 간 천연가스 운송을 위해 발트해 해저에 설치한 파이프라인 — 원주.

는 독일이 '경제'를 선택했다고 이해했습니다.

그리고 이제, 유럽에 또다시 끔찍한 전쟁을 불러온 저 국가와 독일 사이의 무역 루트*는 이 새로운 장벽을 감싸는 가시 철조망이 되었습니다.

여러분 중 많은 분이 유럽을 둘로 나눈 이 장벽의 건너편에 무엇이 있는지 보지 못합니다. 그 결과, 우크라이나에서 우리가 무슨 일을 겪고 있는지 잘 모르는 분들이 있습니다.

그렇기 때문에 저는 지금 우크라이나인을 대신해서, 그리고 러시아 군대가 봉쇄하고 철저하게 파괴한 마리우폴의 주민들을 대신해서 여러분에게 말씀드립니다. 저들은 모든 것을 파괴하고 모든 사람을 죽이고 있습니다. 수십만 명이 밤낮으로 폭격당하고 있습니다. 하루 24시간 내내 식량도 물도 없이, 전기와 통신도 끊겼습니다. 이런 일이 몇 주째 이어지고 있습니다.

러시아군은 민간인과 군인을 구별하지 않습니다. 민간용 인프라도 개의치 않습니다. 그들에게는 모든

----

* 노르트스트림 1, 2 파이프라인을 가리킨다.

것이 목표물입니다. 어제는 수백 명이 대피소로 사용하던 극장이 폭탄으로 파괴되었습니다. 산부인과 병원, 어린이 병원, 그리고 군사 시설이 전혀 없는 민간인 거주지도 마찬가지입니다. 러시아군은 인도적 목적의 물자 반입도 일절 허용하지 않습니다. 러시아군은 의도적으로 구조 작업을 불가능하게 만들기 위해 닷새 연속으로 폭격을 감행하기도 했습니다.

이 모든 것을 여러분도 보실 수 있습니다. 장벽 위로 올라와 벽 너머를 보시면 됩니다.

여러분, 베를린 공수*가 독일인들에게 무엇을 의미했는지 떠올려주시기를 바랍니다. 베를린 공수가 가능했던 것은 하늘이 안전했기 때문입니다. 오늘 우크라

---

* 1948년 6월 24일부터 1949년 5월 12일까지 소련이 서베를린에 전면적으로 물자 공급 봉쇄 조치를 단행했다. 이를 무력화하기 위해 미국 등 서방국은 대규모 항공 물자 수송 작전을 시행했다. 스탈린 정권이 서베를린으로 가는 전력 공급을 시작으로 모든 지상 교통을 차단하고 생필품을 포함한 모든 물자 공급을 중단하자 미국의 해리 트루먼 대통령은 전격적인 공수 작전을 강행했다. 미국과 영국은 군 수송기로 식량, 의약품, 연료는 물론 캔디와 같은 기호품까지 보급했다. 베를린 공수는 인도적 목적은 물론 미국의 압도적인 경제력, 군사력을 과시해 냉전 초기 동맹국들의 신뢰를 얻어낸 성공적인 작전으로 평가받는다.

이나에서는 베를린 공수와 같은 물자 수송이 불가능합니다. 우크라이나의 하늘은 러시아군의 미사일과 폭격기들만 사용하고 있습니다.

오늘 저는 80년 전 나치 점령을 경험하고 살아남은 우크라이나의 노인들, 바빈야르에서 살아남은 세대를 대신해 여러분에게 호소합니다. 작년에 프랑크 발터 슈타인마이어 독일 대통령이 방문했던 바로 그 바빈야르 말입니다. 그곳이 러시아의 미사일 공격을 받았습니다.

홀로코스트 기념관을 방문 중이던 한 가족이 러시아군의 공습으로 목숨을 잃었습니다. 80년의 세월을 사이에 두고 조상이 살해당한 바로 그 자리에서 그 후손이 살해당했습니다.

정치인들이 "다시는 절대로 이런 일이 일어나서는 안 된다"라고 말하는 것을 들었던 이들, 그리고 그 말이 텅 빈 수사였음을 확인하고 있는 이들을 대신해 말합니다. 유럽에서 또다시 침략자가 한 민족을 말살하려 하고 있고, 우리가 지키고 추구하는 모든 것을 파괴하려 하고 있기 때문입니다.

우크라이나군을 대신해 여러분에게 호소합니다. 우리 나라를 지키고 있고 이곳 독일을 포함한 유럽 전역에서 말하는 그 가치를 지키기 위해 싸우고 있는 우크라이나 군인들을 대신해 호소합니다. 그 가치는 자유와 평등입니다. 자유 속에서 살아갈 권리, 남의 나라를 자신들의 '생활권'*이라고 생각하는 국가에 굴복하지 않을 권리입니다. 왜 독일이 아닌 다른 국가들이 더 우리를 지지합니까?

바로 제가 이야기하는 장벽이 있기 때문입니다. 여러분 중 일부는 존재를 인식하지 못하고 있는 장벽, 우리가 국민의 생명을 구하기 위해 싸우며 망치로 부수고 있음에도 보지 못하고 있는 그 장벽 말입니다.

우크라이나를 지지하고 지원하는 모든 독일 국민 여러분에게 감사드립니다. 진심으로 우크라이나인들을 돕고 있는 평범한 독일의 시민들, 정직하게 자신의 사명을 다하며 러시아가 우리에게 초래한 악을 사실 그

---

* Lebensraum. 나치가 사용한 표현으로, 독일의 팽창주의를 뒷받침하는 논리였다. 젤렌스키는 독일인들에게 푸틴의 행동이 히틀러의 행동과 다르지 않음을 일깨우기 위해 그들의 역사에서 익숙한 표현을 사용했다.

대로 전달하고 있는 언론인들, 그리고 회계장부와 '경제'보다 도덕과 인도주의를 우선시하는 독일의 경제인들에게도 깊은 감사를 표합니다.

그리고 이 벽을 허물기 위해 애쓰고 있는 독일의 정치인들에게도 감사드립니다. 우크라이나 어린이들이 죽는 것보다는 러시아의 돈을 받지 않고 살겠다고 결정하신 분들, 우크라이나와 유럽에 평화를 가져올 제재 강화를 지지해주신 분들, 러시아와의 교역 중단 필요성을 아시는 분들에게 감사드립니다. 달리 표현하면 그 어떤 장벽보다 더 크신 분들, 사람을 구하는 문제에 있어 가장 큰 책임을 지는 이가 가장 강한 이라는 사실을 이해하는 분들에게 감사드립니다.

하지만 독일의 도움, 국제 사회의 도움 없이는 이 싸움을 계속해나가기 어렵다는 사실을 알아주십시오. 하르키우가 80년 만에 다시 파괴되고, 체르느히우와 수미, 돈바스가 80년 만에 다시 폭격당하고, 수천 명의 사람들이 80년 만에 다시 고문당하고 살해당하는 지금, 독일의 지원 없이는 우크라이나를—그리고 유럽을— 지키기 어렵습니다.

80년이 지나도 갚지 않고 여전히 반복되고 있다면 역사적 책임이라는 게 도대체 무슨 의미가 있습니까? 이 새로운 장벽 뒤에 새로운 빚—또다시 갚아야 할 빚—이 쌓이는 것을 여러분은 어떻게 막아낼 것입니까?

로널드 레이건 대통령은 베를린에서 이렇게 말했습니다. "이 벽을 허무십시오!"* 저도 여러분에게 같은 말을 하고 싶습니다. 숄츠 총리님, 이 벽을 허무십시오!

독일인들은 리더가 될 자격이 있습니다. 그들에게 리더십을 부여하십시오. 후손들이 자랑스러워할 것입니다.

우크라이나를 지원해주십시오. 평화를 지원해주십시오. 모든 우크라이나 국민을 지원해주십시오.

우리가 전쟁을 끝낼 수 있게 도와주십시오.

---

* 1987년 당시 로널드 레이건 미국 대통령이 베를린을 방문해 연설 중에 했던 말 "고르바초프 씨, 이 벽을 허무십시오(Mr. Gorbachev, tear down this wall)"를 인용하고 있다.

12

무관심은 사람을 죽입니다

이스라엘 의회 연설
2022년 3월 20일, 예루살렘 (화상 연결)

키이우 출신의 위대한 여성이 했던 말로 이야기를 시작할까 합니다. 바로 골다 메이어*의 말입니다.

"우리는 계속 살아남을 생각입니다. 우리의 이웃들은 우리가 죽기를 원하죠. 협상의 여지가 많은 문제는 아닙니다."

유명한 발언이라 유대인이라면 누구나 한 번쯤은 들어보았을 것입니다. 많은 우크라이나인이 알고 있는

---

* Golda Meir(1898~1978). 이스라엘의 정치인이자 제4대 총리(1969-74)를 지냈다 — 원주.

말이고, 러시아인 중에도 아는 사람들이 적지 않을 것입니다.

그러니 이 자리에서 우크라이나인과 유대인의 이야기가 얼마나 얽히고설켜 있는지를 설명해드릴 필요는 없을 것 같습니다. 과거에는 물론이고 지금과 같이 끔찍한 시기에도 말입니다. 우리는 서로 다른 나라에 살고 있고 완전히 다른 상황에 있습니다. 하지만 우리가 처한 위협은 똑같습니다. 두 나라 모두 민족과 국가, 문화를 완전히 말살하려는 위협을 받고 있습니다. 저들은 심지어 우크라이나, 이스라엘이라는 이름조차 우리에게서 빼앗으려 합니다.

우리가 느끼는 것을 여러분도 느끼셨으면 합니다. 2월 24일, 러시아가 우크라이나를 침공한 첫날을 생각해보십시오. 2월 24일이라는 날짜는 이제 세계 역사에 두 번 남게 되었습니다. 두 차례 다 비극적인 사건입니다. 우크라이나인과 유대인에게 비극이고, 유럽과 전 세계에 비극이었습니다.

1920년 2월 24일에는 국가사회주의 독일 노동자당(나치당)이 만들어졌습니다. 이후 나치는 수백만 명의 목숨을 빼앗고 수많은 나라를, 심지어 한 민족을 말살하려 했습니다.

정확하게 102년이 지난 2022년 2월 24일, 러시아의 우크라이나 전면 침공이라는 범죄 행위가 일어났습니다. 이 침략으로 수천 명이 목숨을 잃었고, 수백만 명이 집을 잃었습니다. 수많은 우크라이나인이 이웃 나라 – 폴란드, 슬로바키아, 루마니아, 독일, 체코, 발트연안국들과 그 외의 다른 나라들 – 로 망명했습니다.

이제 우리 국민은 전 세계로 흩어졌습니다. 그들은 안전을 찾고 있습니다. 그들은 평화를 찾고 있습니다. 한때 여러분(유대인)이 그랬던 것처럼 말입니다.

러시아의 우크라이나 침공은 그들이 주장하는 것처럼 단순한 군사작전이 아닙니다. 한 민족 전체를 말살하는 것이 목적인, 거대하고 기만적인 전쟁입니다. 이 전쟁의 목적은 우리의 아이들과 우리의 가족, 우리 나라와 도시들, 우리의 공동체와 문화, 그리고 우리를 우크라이나인이게 하는 모든 것을 없애버리는 것입니다. 러시아군은 전 세계가 보고 있는 앞에서 이를 계획적으로 저지르고 있습니다.

제가 우크라이나인과 유대 민족 사이의 유사점을 이야기할 수 있는 이유가 여기에 있습니다. 우리의 역사와 여러분의 역사, 생존을 위한 우리의 전쟁과 제2차 세계대전 사이의 유사점 말입니다.

크렘린에서 하는 말을 들어보십시오. 그들이 사용하는 표현은 과거 여러분이 들어본 적 있습니다. 나치가 유럽을 침공했을 때, 그들은 단지 다른 국가들을 정복한 게 아닙니다. 그들은 모든 것을 파괴하고 모든 사람을 죽이려 했습니다. 여러분과 우리를 하나도 남기지 않으려 했습니다. 이름도 흔적도 말입니다. 그들은 이를 유대인 '문제'의 '최종적인 해결책'* 이라고 불렀습니다. 여러분은 기억하실 것이고, 결코 잊지 않을 것입니다.

모스크바에서 나오는 말들을 들어보십시오. '최종적인 해결책'이라는 말이 다시 등장합니다. 다만 이번에는 해결할 대상이 '우크라이나 문제'일 뿐입니다.

• '유대인 문제에 대한 최종 해결책(Endlösung der Judenfrage)'은 나치 독일이 유대인을 체계적으로 전멸하려던 계획을 말한다.

모스크바의 한 회의에서 공개적으로 나온 표현입니다. 심지어 공식 웹사이트에서도 볼 수 있습니다. 러시아 국영 방송에서도 그대로 인용했습니다. 우리와 전쟁을 하지 않고서는 그들 자신의 안전보장 문제의 '최종적인 해결'을 확신할 수 없다고 합니다.

80년 전과 정확하게 똑같은 발언입니다.

이스라엘 국민 여러분, 여러분은 러시아 미사일이 바빈야르를 폭격하는 것을 보았습니다. 바빈야르가 어떤 곳인지 여러분은 잘 아실 겁니다. 10만 명이 넘는 홀로코스트 희생자들이 묻혀 있는 곳입니다. 키이우에는 유대인들의 오래된 공동묘지가 있습니다. 러시아 미사일은 그곳도 타격했습니다. 이 전쟁의 첫날, 러시아 로켓포가 우만시를 공격했습니다. 브레슬로프의 나흐만*이 묻힌 묘를 참배하기 위해 매년 수만 명의 유대인들이 찾는 곳입니다. 이 끔찍한 전쟁이 끝난 뒤, 이런 장소들은 과연 남아 있을까요?

---

* Nachman of Breslov(1772~1810). 18세기 우크라이나에서 시작된 유대교 영적 부흥의 일종인 하시드 운동을 이끈 영적 지도자이자 유대교 학자.

제가 하는 이야기의 단어 하나하나가 여러분의 가슴을 후벼팔 것이라고 생각합니다. 여러분은 제가 이야기하고 있는 것을 가슴으로 느끼기 때문입니다. 그렇다면 이제 여러분이 제게 설명해주시겠습니까? 왜 우리가 여전히 국제 사회에 도움을 요청하고 다녀야 하는지 말입니다. 우리는 여전히 여러분에게 도움을 요청하고 있습니다. 그중에는 심지어 우크라이나인에게 입국 비자를 발급해달라는 아주 단순한 요청도 있습니다.

이것은 대체 뭘까요? 무관심? 계산? 혹은 어느 쪽 편도 들지 않고 중재하려는 욕심? 이 질문에 대한 답은 여러분의 몫으로 남겨두겠습니다. 다만 한 가지만 말씀드리겠습니다. 무관심은 사람을 죽입니다. 계산은 위험할 수 있습니다. 중재는 국가와 국가 사이에 가능한 것이지 선과 악 사이에 하는 것이 아닙니다.

이스라엘 국민이라면 누구나 이스라엘의 방공 시스템이 세계 최고라는 것을 알고 있습니다. 지구상의 모두가 이스라엘 무기의 강력함을 알고 있습니다. 이스라엘은 국민의 이익을 지키는 법을 알고 있습니다.

우크라이나에서 온 메시지

그러니 여러분은 우리의 생명을 지키는 데 도움을 줄 수 있습니다. 우크라이나인의 생명, 우크라이나 유대인의 생명을 말입니다.

저는 왜 우리가 이스라엘 무기를 지원받을 수 없는지 계속해서 물을 수 있습니다. 왜 이스라엘은 러시아에 강도 높은 제재를 하지 않는지, 왜 러시아 기업들에 압력을 가하지 않는지 물을 수 있습니다. 하지만 형제자매 여러분, 이 질문에 어떻게 답할지는 여러분에게 달려 있습니다. 그리고 그렇게 내린 답은 앞으로 이스라엘 민족을 떠나지 않을 것입니다.

80년 전 우크라이나인들은 유대인들을 구하는 쪽을 선택했습니다. 그랬기에 여전히 우크라이나에 열방의 의인들이 살고 있는 것입니다.

이스라엘 국민 여러분, 이제 여러분이 그와 같은 선택을 할 차례입니다.

A MESSAGE

FROM

UKRAINE

4부

우리의 나라

전쟁을 끝내기 위해 필요한 것이 무엇입니까?

과거에 우리는 '평화'라고 했습니다.

이제 우리는 '승리'라고 말합니다.

우크라이나의 저항은 세계를 놀라게 했다. 우크라이나 정부는 무너지지 않았고, 대통령은 달아나지 않았다. 그리고 우크라이나군은 곳곳에서 러시아군을 몰아냈다. 하지만 승리는 쓸쓸함을 남겼다. 되찾는 땅이 늘어날수록 러시아가 저지른 전쟁 범죄의 증거도 쌓였기 때문이다.

이는 양쪽 군대 사이의 싸움이 아니라 추구하는 가치 사이에 벌어지는 투쟁이었다. 젤렌스키는 2022년 4월 이후 한 연설들에서 줄곧 이러한 가치들이 어떻게 우크라이나 사람들을 하나의 국가로 묶어주었는지를 역설했다. 푸틴은 한 민족을 파괴하려 했지만 실패했다. 우크라이나는 전쟁의 폐허를 딛고 일어나 더 강하게 저항했고, 더욱더 단결했다. "나라가 탄생한 것이 아니라, 나라가 거듭난 것이다."

13

어찌 이런 일이
일어날 수 있습니까?

우크라이나 국민을 향한 연설
2022년 4월 3일, 키이우

오늘은 의례적인 인사말은 생략하고자 합니다. 꼭 필요한 말 외에는 입 밖에 내고 싶지 않습니다.

한 나라의 대통령이 국민에게 이런 연설을 하는 일은 거의 없습니다만, 부차를 비롯해 우리가 점령군을 몰아내고 수복한 도시들에서 저들이 한 짓들이 밝혀진 오늘만큼은 선택의 여지가 없습니다. 수백 명의 사람들이 살해당했습니다. 민간인들이 고문당하고 처형당했습니다. 거리에 시신이 널려 있습니다. 지뢰가 시내 곳곳에 흩어져 있고, 심지어 죽은 이의 시신 속에 들어 있기까지 했습니다. 약탈의 흔적도 곳곳에서 보입니다.

악의 집결체가 우리의 땅에 들어왔습니다. 살인과 고문, 강간, 약탈을 저지르는 범죄자들이 우리를 침략했습니다. 그들은 스스로를 군대라 부르지만, 그들이 한 짓은 오직 죽음으로만 그 대가를 치를 수 있습니다.

모든 러시아 군인의 어머니가 자기 자식이 부차에서, 이르핀에서, 호스토멜에서 죽인 사람들의 시신을 봤으면 합니다. 그 사람들이 무엇을 잘못했단 말입니까? 그들은 왜 살해당해야 했습니까?

거리에서 자전거를 타고 지나가던 남자가 무슨 잘못을 했습니까? 평화로운 도시의 평범한 민간인이 고문받고 죽게 된 이유가 무엇입니까? 여자들의 귀에서 귀걸이가 뜯겨 나가고 목이 졸려 숨진 이유는 무엇입니까? 여자들이 자기 아이들이 보는 앞에서 강간당하고 살해당한 이유가 무엇입니까? 왜 그들의 시신마저 훼손당해야 합니까? 왜 사람들의 시신이 탱크에 뭉개져야 했습니까?

부차가 러시아에 무슨 짓을 했단 말입니까? 어찌 이런 일이 일어날 수 있습니까?

러시아의 어머니들에게 묻습니다. 여러분이 자식을 약탈자로 키웠을 수는 있겠지만, 어떻게 도살자까지 될 수 있습니까? 여러분의 자식들 마음속에 무엇이 도사리고 있는지 몰랐을 리 없습니다. 그들에게 인성이 결여되어 있음을 당신들이 놓쳤을 리 없습니다. 고의로, 쾌락을 위해 사람을 죽이는, 영혼도 심장도 없는 인간이 되어가고 있는 것을 눈치채지 못했을 리 없습니다.

러시아연방의 지도부가 자신들이 내린 명령이 어떻게 이행되고 있는지 보길 바랍니다. 그들 역시 책임이 있습니다. 폭발물로 잘려 나간 팔, 손이 묶인 채 머리 뒤에서 총을 맞아 죽은 사람들에 대한 책임은 러시아 지도부에게도 있습니다.

이것이 앞으로 세계가 보는 러시아일 것입니다. 이것이 러시아의 이미지입니다. 당신들의 문화와 인간성은 당신들이 살해한 우크라이나 국민들과 함께 죽었습니다.

저는 우크라이나에 특별 사법 기구 도입을 승인했습니다. 국내는 물론 해외의 전문가, 수사관, 판사, 검사들의 협조를 얻어 우크라이나 영토를 점령했던 자들이 저지른 모든 범죄를 하나도 빠짐없이 수사할 것입니다. 그리고 우크라이나 국민을 상대로 벌인 이런 끔찍한 전쟁에 가담한 사람들에게 책임을 물을 것입니다. 외무부와 검찰, 국가 경찰청, 보안부, 안보부를 포함한 모든 정부 기관이 전력을 다해 이 기구가 당장 작동하도록 할 것입니다. 저는 전 국민들, 그리고 세계에 있는 모든 우크라이나의 친구들에게 정의를 실현하는 일에 함께하기를 요청드립니다.

세계는 이전에도 여러 대륙에서 분쟁 중에 저질러진 수많은 전쟁 범죄를 목격했습니다. 하지만 우리는 러시아가 지금 우크라이나에서 저지르고 있는 범죄를 인류 역사에서 일어나는 마지막 전쟁 범죄로 만들어야만 합니다. 지구를 갉아먹는 이 악에 가담한 자라면 누구나 '고문자들의 서'*에 이름이 오를 것입니다. 우리는 그자들을 찾아낼 것이고, 처벌할 것입니다.

---

* Book of Torturers. 러시아 점령군이 자행한 전쟁 범죄에 대한 정보를 수집하기 위해 만든 우크라이나의 국가 공식 데이터베이스 — 원주.

우크라이나에서 온 메시지

우크라이나 국민 여러분, 우리는 많은 지역에서 침략자들을 몰아냈습니다. 하지만 여전히 러시아군이 점령하고 있는 곳들이 있습니다. 침략자가 쫓겨난 자리에는 더 끔찍한 참상이 발견될 것입니다. 살인과 고문의 희생자들입니다. 이것이 러시아 군대의 본성입니다. 그들은 악한들이기 때문에 그렇게밖에 행동할 줄 모릅니다. 그들은 명령을 따르고 있습니다.

우크라이나의 동맹국들에 러시아군 점령 지역에서 일어났던 일들을 상세하게 알릴 예정입니다. 부차와 다른 도시들에서 일어난 전쟁 범죄들은 다음 주 화요일, UN 안전보장이사회에서 논의될 것입니다. 또 다른 일련의 제재가 러시아를 기다릴 것입니다.

그럼에도 충분하지 않습니다. 우리는 더 폭넓은 결론을 내놓아야 합니다. 단순히 러시아만이 아니라, 우리의 땅에 이런 악이 들어오게 허용한 정치적 맥락에 대해서도 이야기해야 합니다.

14년 전 오늘은 NATO 정상회의가 부쿠레슈티에서 개최된 날입니다. 그 정상회의에서 우크라이나를 동유럽의 '회색 지대'에서 빼내자는 제안이 등장했습니다.

'회색 지대'란 NATO 회원국과 러시아 사이에 위치한 국가들을 말합니다. 다른 말로 하면, 러시아 정부가 자기들 하고 싶은 대로 해도 된다고 생각하는 나라들, 최악의 전쟁 범죄를 저지르면서까지 자기들 마음대로 할 수 있다고 여기는 나라들입니다.

그해(2008년) NATO 회원국들은 우크라이나의 가입 문제를 논의하는 과정에서 우크라이나의 NATO 가입을 거부하려는 그들의 의도를 숨겼습니다. NATO 회원국들은 우크라이나의 가입을 막음으로써 러시아를 달랠 수 있다고 생각했습니다. 러시아가 우크라이나를 존중하고 평화를 유지하며 공존하도록 설득할 수 있다고 믿었습니다.

이 계산 착오 이후 14년이 지나는 동안 우크라이나는 혁명을 경험했고, 돈바스 지역에서 8년째 전쟁을 치르고 있습니다. 이제 우리는 제2차 세계대전 이후 유럽에서 일어난 가장 끔찍한 군사 분쟁 속에서 살아남기 위해 싸우고 있습니다. 저는 메르켈 전 총리와 사르코지 전 프랑스 대통령을 부차로 초대합니다. 와서 자신들이 러시아에게 양보한 결과 14년 후 무슨 일이 일어났는지 확인하기를 바랍니다. 와서 고문당한 우크라이나인들을 직접 보시기를 바랍니다.

오해하지는 마십시오. 저는 서방을 비난하는 것이 아닙니다. 우리는 이런 짓을 한 러시아 군인들, 그리고 그들에게 명령을 내린 자들 외에 아무도 비난하지 않습니다. 하지만 우리에게는 과거의 우유부단한 결정을 이야기할 권리가, 부차, 호스토멜, 하르키우, 마리우폴이 지금 겪고 있는 일의 발단을 가려낼 권리가 있습니다.

우리는 우유부단하지 않습니다. 안보 동맹에 속해 있든 우리 스스로 방어해야 하든 상관없이 우리가 이해하고 있는 한 가지가 있습니다. 우리가 강해야 한다는 사실입니다.

14년 전 러시아의 지도자는 부쿠레슈티에서 서방 세계에 대고 독립 국가 우크라이나라는 존재하지 않는다고 말했습니다. 우리는 러시아가 틀렸음을 증명해냈습니다. 독립 국가 우크라이나는 아주 오랫동안 존재했고 앞으로도 오래 존재할 것입니다.

우리는 세계 최강대국들의 힘 뒤에 숨지 않는다는

것을 알아주시길 바랍니다. 우리는 그 누구에게도 우리를 받아달라고 애걸하지 않을 것입니다. 우리를 침략한 악으로부터 우리를 지키기 위해 무기를 지원해 달라고 요청할 필요가 없었어야 합니다. 필요한 모든 무기는 요청하지 않아도 우리에게 제공되었어야 합니다. 세계는 어떤 악이 이 세상에 들어왔는지, 그리고 그 악이 어떤 끔찍한 공포를 가져왔는지 깨달았어야 합니다.

우리는 이 전쟁으로 잃을 수 있는 것이 무엇인지 압니다. 우리는 우리가 지키는 것이 무엇인지 알고 있습니다.

한편으로는 우크라이나군의 도덕적, 전문적 규범이 있습니다. 우리 군은 가장 엄격한 원칙을 가진 군대, 타국의 군대들이 보고 배워야 할 군대입니다. 이는 우크라이나 국민들의 원칙이기도 합니다.

다른 한편으로는 러시아 점령군이 따르는 규범이 있습니다. 이 둘은 선과 악의 차이입니다. 유럽과 블랙홀, 즉 모든 것을 암흑으로 빨아들이려는 세력의 차이입니다.

우리는 이 전쟁에서 승리할 것입니다. 개별 정치인들이 지금, 혹은 미래에도 자신의 우유부단함을 극복하지 못한다 해도 우리는 승리할 것입니다. 우리는 이미 부차를 되살리고 있습니다. 우리는 전력과 상수도를 복구하고, 의료기관의 문을 다시 열고, 인프라를 재건하고, 사람들이 다시 안전한 일상으로 돌아올 수 있도록 일하고 있습니다.

러시아는 쫓겨나고 우크라이나가 돌아옵니다. 돌아오면서 생명도 함께 가지고 옵니다.

오늘 오전, 저는 우크라이나 국경수비대 병원을 방문해 부상 입은 전사들을 위문하고 왔습니다. 여덟 분에게 국가 감사패를 전달했습니다. 군 외상 전문가인 군의관 한 분에게도 마찬가지로 감사패를 전달했습니다. 우리 용사들의 생명을 많이 구한 분입니다. 총 41명의 국경수비대원이 국가 감사패를 받았습니다.

러시아가 침공한 2월 24일에 제일 먼저 맞서 싸운, 바로 그 국경수비대원들입니다. 이제 우크라이나가 국토에서 러시아군을 몰아내면서 우리 군이 다시 국경지대로 복귀하고 있습니다.

저는 우크라이나 국경 전체가 수복되는 때가 올 것임을 압니다. 그날을 하루라도 앞당기려면 우리는 목표에서 눈을 떼서는 안 됩니다. 악과 분연히 맞설 대비가 되어 있어야 합니다. 우크라이나를, 우리 국민을, 우리의 자유를 상대로 자행되는 모든 범죄 행위에 대응할 준비가 되어 있어야 합니다.

악은 처벌받을 것입니다.

우크라이나에서 온 메시지

14

신이시여,
우크라이나를 지켜주소서

부활절 연설
2022년 4월 24일, 키이우

오늘은 큰 축일이고, 저는 지금 의미 깊은 장소에 있습니다. 바로 성 소피아 대성당입니다. 성 소피아는 천 년 전, 키이우 공국이 페체네그 군대를 무찌른 바로 그 장소에 지어졌습니다. 이 성당은 몽골제국도, 나치도 무너트리지 못했습니다. 성 소피아는 모든 공격을 견뎌냈습니다.

오늘, 우리는 우크라이나가 또다시 승리할 것을 믿습니다. 우리는 쳐들어오는 악을 이번에도 견뎌낼 것임을 믿습니다.

우리는 어둠의 시기를 지나고 있습니다. 오늘은 빛의 날이지만, 여기에 모인 우리는 대부분 밝은색 옷을

입지 않고 있습니다. 그래도 우리는 빛을 위해 싸우고 있습니다. 우리는 진실을 위해 싸우고 있습니다. 하느님과 천국의 빛은 우리의 편에 서 있습니다.

지금 인류의 수호성인이신 위대한 오란타*가 저를 굽어보고 계십니다. 오란타가 지금 제 위에 계신 것처럼, 우리 모두의 위에 계십니다. 여기, 그 누구도 무너트릴 수 없는 수도 키이우의 장벽 안에 계십니다. 그 위로는 시편 구절이 쓰여 있습니다.

"그(도성) 한가운데에 하느님이 계시므로 흔들림이 없으리라. 첫 새벽에 주께서 도움을 주시리라."

오늘, 우리는 우리의 새벽이 올 것을 믿습니다.

오란타는 '기도하는 사람'을 의미합니다. 지난 두 달 동안 우리 모두가 기도해왔습니다. 그리스도의 부활은 죽음에 대한 생명의 승리를 상징합니다. 그리고 오늘, 우리 모두는 단 한 가지를 바라며 기도합니다. 우리는 하느님께서 우크라이나를 지켜주시기를 간구합니다.

---

* Oranta. 키이우의 성 소피아 대성당 천장 돔 내부를 장식하고 있는 거대한 모자이크 성모상을 일컫는다. 이 성모상이 양팔을 뻗어 감싸 안고 있는 한 키이우는 무너지지 않는다는 전설이 전해 내려온다.

우리를 지키는 이들을 지켜주소서. 우리의 군대, 우리의 방위군, 우리의 국경수비대, 우리의 예비군 부대, 우리의 정보요원들을 지켜주소서. 빛의 전사들인 이들을 구하소서.

그들을 돕는 이들을 도우소서. 자원봉사자들과 우크라이나 안팎에서, 전 세계에서 우크라이나를 위해 일하는 이들을 도우소서….

타인의 목숨을 구하는 이들을 구하소서. 우리의 구급대원들, 소방관들, 구조요원들, 공병대원들을 구하소서. 생명이 단지 부활절의 상징에 그치지 않도록 하소서. 매일매일 생명이 죽음을 이기게 하소서.

우리의 어머니들을 보살피소서. 아들 혹은 딸이 전쟁터에서 살아 돌아오기를 기다리는 어머니들에게 인내할 힘을 주소서. 최전선에서 자식을 잃은 어머니들에게 불굴의 용기를 주소서. 러시아가 죽음을 몰고온 평화로웠던 도시와 마을에서 아이를 잃은 어머니들에게 살아갈 힘을 주소서.

우리의 할머니들이 사랑하는 이들을 다시 볼 수 있을 때까지 건강하도록, 평화와 승리와 정의를 볼 수 있도록, 침략자들이 그들로부터 빼앗아 가려고 했던 행복한 노년을 맞이할 수 있게 허락하소서. 오늘 우리의 할머니들은 스웨터와 목도리를 뜨던 뜨개바늘을 내려놓고, 군용 위장막을 짜고 있나이다.

우리의 아버지와 할아버지들을 보호하소서. 한때는 손주들에게 그들이 겪었던 지난 전쟁 이야기를 들려주던, 그리고 이제는 그 아이들을 새로운 전쟁터로 보내야 하는 그들을 보호하소서. 이 나라를 세운 그들, 그리고 오늘 그 나라가 무너지는 모습을 보게 된 그들을 보호하소서. 그들로 하여금 이 나라가 해방되고 재건되는 것을 보게 하소서. 그리고 우리에게 그 나라를 다시 세울 힘을 주소서.

우리의 아이들을 돌보소서. 우크라이나의 모든 소년 소녀에게 행복한 유년기와 성년기, 노년기를 허락하소서. 이 전쟁으로 찢긴 끔찍한 어린 시절의 기억을 지울 수 있을 만큼 오래오래 행복하게 살게 하소서. 숨바꼭질 술래 대신 폭탄을 피해 숨어야 하고, 놀이터를 뛰어다니는 대신 총알을 피해 방공호로 달려가야 하고, 여름휴가가 아닌 피난으로 집을 떠나야 하는, 이 잔인한 놀이를 강요당한 아이들의 삶을 굽어살피소서.

모든 우크라이나인들을 구원하소서. 우리는 그 누구도 침략하지 않았으니, 신이시여, 우리를 보호해주소서. 우리는 그 어떤 나라도 파괴하지 않았으니, 그 어떤 나라도 우리를 파괴하지 못하게 하소서. 우리는 그 누구의 땅도 빼앗지 않았으니, 그 누구도 우리의 땅을 빼앗지 못하게 하소서.

우크라이나를 구원하소서. 드니프로강의 이편과 저편에서 우리를 구원하소서. 겨울은 갔지만, 봄은 오지 않았나이다. 겨울의 서리가 찾아오고, 새벽은 빛이 아닌 어둠으로 가득하나이다.

하느님, 저희는 당신이 당신의 계명을 무시한 이들의 행위를 결코 용서하시지 않을 것을 아나이다. 저희는 부차에서, 이르핀에서, 보로디안카에서, 호스토멜에서 그들이 저지른 참혹한 만행*을 당신이 결코 잊지 않으리라는 것을 알고 있나이다. 저희는 당신이 이 잔혹한 범죄에서 살아남은 생존자들을 잊지 않으리라는 것을 알고 있나이다. 그들에게, 그리고 우크라이나 국민 모두에게 기쁨을 주소서.

저희는 당신이 체르느히우, 므콜라이우, 헤르손, 수미, 하르키우, 이지움, 크라마토르스크, 볼노바하, 포파스나에 떨어진 폭탄들의 소리를 잊지 않으실 것을 아나이다. 이제는 이 도시들에 승리의 함성이 울려 퍼지게 하소서.

저희는 당신이 마리우폴과 이 도시를 지켜낸 영웅들을 잊지 않으실 것을 아나이다. 침략자들이 마리우폴의 성벽을 무너트릴지라도, 그 머릿돌까지 부술 수는 없나이다. 마리우폴의 머릿돌은 저희 전사들의 의지이며 우리 나라 전체의 의지입니다.

오늘날 저희는 전쟁이 만들어낸 끔찍한 장면들을 보나이다. 그러나 머지않아 다시 평화와 행복을 보게

• 부차에서 러시아군은 9명의 어린이를 포함한 400명이 넘는 민간인을 학살했다. 이르핀에서는 러시아군이 일시적으로 도시를 점령하고 이에 저항하는 시가전이 계속되면서 수백 명의 민간인 희생자가 발생했다. 부차시 외곽의 작은 마을 보로디안카는 러시아군이 공습과 폭격을 가해 마을 전체가 사라지다시피 했고, 수많은 주민이 무너진 건물 잔해 속에 생매장되어 목숨을 잃었다. 민간인 피해를 극대화하기 위해 야간 로켓포 공격을 감행한 러시아군의 대표적인 전쟁 범죄로 꼽힌다. 호스토멜은 특히 국제 화물 허브인 안토노프 국제 공항이 있어 치열한 전투가 계속되었다. 러시아군 점령 기간에 민간인 살상을 자행한 영상이 공개되었다.

하소서.

오늘날 저희는 가장 힘겨운 고난을 겪고 있나이다. 하지만 머지않아 정의의 심판을 보게 하소서. 생명과 행복과 번영이 우크라이나로 돌아오게 하소서.

오늘날 저희의 심장은 강렬한 분노로 가득하고, 저희의 영혼에는 침략자들에 대한 증오가 흘러넘치나이다. 하지만 이 분노가 저희의 심령을 해하지 않게 하소서. 분노 없는 승리를 얻게 하소서. 저희의 분노가 악을 이기는 힘으로 승화하게 하소서.

저희를 갈등과 분열로부터 구하소서. 저희 모두가 한마음을 잃지 않게 하소서.

저희의 의지와 영혼을 강건하게 하소서. 저희 자신을 잃지 않게 하소서.

자유를 갈구하는 저희의 마음이 식지 않게 하소서. 정의로운 싸움에 대한 열정이 식지 않게 하소서. 승리와 존엄, 자유에 대한 희망을 잃지 않게 하소서.

저희가 우크라이나를 잃지 않게 하소서. 저희의 믿음을 잃지 않게 하소서.

우크라이나 국민 여러분, 우리는 팬데믹으로 지난

해 부활절을 집에서 기념했습니다. 우리는 올해도 예전처럼 부활을 축하하지 못합니다. 우리는 전쟁이라는 또 다른 바이러스로 고통받고 있습니다.

그러나 작년의 질병과 올해의 질병을 관통하는 하나의 진리가 있습니다. 그 무엇도 우크라이나를 꺾을 수 없다는 것입니다. 그리하여 이 큰 축일은 우리에게 희망을 줍니다.

우리에게 빛이 어둠을 이기고, 선이 악을 이기며, 생명이 죽음을 이긴다는 믿음을 줍니다.

우크라이나가 승리한다는 믿음을 줍니다.

15

다시는, 절대로

**우크라이나의 '추모와 화해의 날' 연설
2022년 5월 8일, 보로디안카**

봄이 무채색일 수도 있을까요?

2월의 추위가 영원히 계속될 수도 있을까요?

평화의 말들이 그 의미를 잃을 수도 있을까요?

우크라이나는 이 질문들의 대답이 모두 "그렇다"일 수도 있다는 것을 알고 있습니다.

매년 5월 8일, 우리는 지구상의 모든 문명국가와 함께 제2차 세계대전에서 나치에게 세계를 지켜낸 이들을 기념합니다. 스러져간 목숨, 부서진 운명, 고통당한 영혼 모두를 기억합니다.

우리는 악에 대항해 "다시는, 절대로(Never again)"

라고 말할 수백만 가지의 이유를 기억하고 있습니다.

이 두 단어를 말할 수 있게 되기까지 우리 선조가 치렀던 대가를 잘 알고 있습니다. 이 두 단어를 지키고 후세에 물려주는 것이 얼마나 중요한지도 우리는 잘 알고 있습니다. 하지만 설마 우리 세대가 이 두 단어가 모독당하는 것을 보게 되리라고는 상상도 못 했습니다.

"다시는, 절대로." 이 말이 모두에게 진리는 아니었습니다.

올해 우리는 이 두 단어를 다르게 말합니다. 다르게 듣습니다. 고통스럽고, 잔인하고, 느낌표가 아닌 물음표가 붙어버린 말입니다. "다시는, 절대로"라고요? 정말 그렇습니까? 그 말을 우크라이나 국민에게 해보십시오.

2월 24일, '절대로Never'라는 말이 지워졌습니다. 새벽 4시, 우크라이나 국민 전체를 잠에서 깨게 한 수백 발의 미사일을 맞고 사라졌습니다. 이제 우리에게 남은 것은 '다시Again'뿐입니다.

보로디안카는 이 범죄에 희생당한 많은 도시 중 하나입니다. 저는 지금 그 증거 앞에서 이 말씀을 드립니

우크라이나에서 온 메시지

다. 군사 시설도, 비밀 기지도 아니고 9층짜리 아파트 건물일 뿐입니다. 이 아파트가 러시아의 안보에 위협이 됩니까? 지구 면적의 8분의 1을 차지하고, 세계에서 두 번째로 큰 규모의 군대를 가진 나라에 말입니까? 이것보다 더 황당한 주장이 어디 있겠습니까?

이 작은 마을에 초강대국이 퍼부은 250킬로그램짜리 폭탄들을 생각해보십시오. 그 순간 이 마을은 말을 잃었습니다. 이제 보로디안카는 "다시는, 절대로"라고 말할 수 없습니다. 그 어떤 말도 할 수 없습니다. 하지만 이곳에서는 아무런 말을 하지 않아도 모든 것이 명백합니다.

이 집을 보십시오. 원래는 벽이 있었습니다. 한때는 그 벽에 지옥 같은 전쟁을 겪었던 분들의 사진이 걸려 있었을 겁니다. 독일로 강제 노동에 끌려간 이 마을의 남자 50명이, 나치가 100채가 넘는 집에 불을 질렀을 때 산 채로 불에 타 죽은 사람들이, 인구 천 명이 채 안 되는 이 작은 마을 출신으로 전선에 나가 나치와 싸워 이기는 데 목숨을 바친 250명의 주민이 사진 속 그들입니다.

그들은 "다시는, 절대로"라고 말하려 싸웠습니다.

그들은 어린아이들의 미래를 위해 싸웠습니다.

그렇게 싸워 얻어낸 삶이 2월 24일 사라졌습니다.

이 아파트에서 잠자리에 드는 사람들을 상상해보십시오. 잘 자라는 인사를 하고, 불을 끄고, 사랑하는 이들을 안아주는 모습을 상상해보십시오.

그들은 눈을 감고 잠들었습니다. 내일을 맞이하지 못하리라는 것을 알지 못한 채 말입니다.

깊은 잠에서 꿈을 꾸었습니다. 몇 시간 후 미사일 폭격 소리에 잠을 깨리라는 것을 알지 못했습니다. 그중 어떤 이들은 영원히 잠에서 깨지 못할 것이라는 사실도 알지 못했습니다.

'다시는, 절대로'? 이제 '절대로'라는 말은 떨어져 나갔습니다. 소위 '특별작전'이 빼앗아 갔습니다. 러시아는 우리를 똑바로 바라보면서 '다시는, 절대로'라는 말의 심장에 칼을 꽂았습니다. 그리고 과거 역사의 괴물이 다시 모습을 드러냈습니다.

우크라이나는 80년 전 나치에 점령당했던 도시들의 역사를 잊지 않았습니다. 그중 많은 도시가 두 번째 점령을 경험하고 있습니다. 마리우폴은 이번이 세 번째입니다. 나치는 마리우폴을 점령한 2년 동안 1만 명의 민간인을 살해했습니다. 러시아는 마리우폴을 점령한 2개월 동안 2만 명의 민간인을 살해했습니다.

제2차 세계대전이 끝난 지 수십 년이 지난 지금, 우크라이나에 다시 암흑이 찾아왔습니다.

우리의 도시들은 이제 빛깔을 잃고, 다시 무채색이 되어가고 있습니다.

악이 돌아왔습니다. 다른 군복을 입고, 다른 기치를 내걸고, 그러나 같은 목적을 갖고 돌아왔습니다.

우크라이나에서 피로 물든 나치의 재림을 봅니다. 우리가 이미 경험했던 낡은 사상과 행동, 언어와 상징들입니다. 잔혹 행위와 그럴듯한 핑계로 악을 포장하려는 시도가 재현되는 것을 봅니다. 때로는 이런 재현이 '스승'쯤 되는 나치즘을 넘어서 인류 역사상 가장 거대한 악이 되려고 작정한 것처럼 보이기도 합니다. 제노포비아xenophobia, 혐오, 인종차별의 새 역사를 쓰려고 합니다. 희생자 수로 신기록을 세우고 싶어 합니다.

'다시는, 절대로'? 그것은 문명 세계의 주제가였습

니다. 하지만 누군가 음정을 이탈했습니다. 멜로디에 의혹의 음을 집어넣어 곡을 뒤틀어버렸습니다. 그러다 노래가 멈추고 마침내 사라져버렸습니다.

그리하여 이제, 나치즘을 직접 경험했던 모든 국가가 끔찍한 기시감을 느끼는 중입니다. '열등 민족'이라는 낙인이 붙었던, 자기 나라를 가질 수 없는 노예로 치부당했던, 혹은 아예 지상에 존재해서는 안 된다고 분류되었던 사람들이 겪었던 과거의 공포가 다시 수면 위로 떠오르는 것을 보고 있습니다.

하나의 국가만을 찬양하고 다른 국가들은 지워버리라는 선포를 듣습니다. 너희 국민들은 사실 존재하지도 않으니 아무 권리도 없다는 주장을 듣습니다. 악의 언어를 다시 한번 듣고 있습니다.

이 나라들은 이제 다 함께 고통스러운 진실을 깨닫습니다. '다시는, 절대로'가 채 한 세기도 지속되지 못했다는 사실입니다. 겨우 77년을 버텼을 뿐입니다. 악이 다시 태어나고 있는데 우리는 눈치채지 못했습니다.

우크라이나를 지지하는 모든 국가가 이 진실을 이해

하고 있습니다. 이들은 악마가 새로운 가면을 쓰고 나타난들 알아볼 수 있습니다. 이들은 어떤 나라들과 달리 우리 조상들이 무엇을 위해, 무엇에 대항해 싸웠는지 기억하고 있습니다. 옳은 것과 그른 것을 혼동하지 않습니다. 과거를 기억합니다.

폴란드 사람들은 나치가 누구의 땅에서 진군을 시작했고 제2차 세계대전을 알리는 최초의 총성을 어디에서 울렸는지 잊지 않았습니다. 어떻게 도리어 악이 먼저 그들을 비난하고, 도발하고, 침입자라 부르고, 그러다 마침내 자기방어라는 명목으로 새벽 4시에 공격을 시작했는지 잊지 않았습니다. 그들의 경험이 우크라이나에서 반복되는 것을 목격하고 있습니다. 그들은 나치에게 파괴된 바르샤바를 잊지 않았습니다. 마리우폴에 무슨 일이 벌어졌는지를 보면서 그들의 과거를 기억합니다.

영국인들은 나치가 41차례의 폭격 끝에 코번트리를 지구상에서 지워버린 것을 잊지 않았습니다. 독일 공군이 그 도시를 열한 시간 동안 쉬지 않고 폭격한 소위 '월광 소나타' 작전을 잊지 않았습니다. 코번트리의 역사적 중심지와 공장들, 그리고 세인트마이클 대성당이 어떻게 파괴되었는지 잊지 않았습니다. 하르키우의 역사적 중심지와 공장들, 성모승천 대성당에 미사일이 떨어진 것을 보며 그들의 과거를 기억합니다.

그들은 런던이 57일 동안 하루도 빠짐없이 야간 공습을 당했던 것을 잊지 않았습니다. V-2 로켓이 벨파스트와 포츠머스, 리버풀에 떨어졌을 때를 잊지 않았습니다. 크루즈 미사일이 므콜라이우와 크라마토르스크, 체르느허우를 타격하는 것을 보며 과거를 기억합니다. 버밍엄이 폭격당했을 때를 떠올리며, 버밍엄의 자매도시인 자포리자가 공격당하는 것을 보며 그들의 과거를 기억합니다.

프랑스인들은 오라두르-쉬르-글란을, 나치 친위대(SS)가 여자와 어린아이 500명을 산 채로 불태워 살해한 작은 마을을 잊지 않았습니다. 튈에서 100명이 넘는 민간인이 목매달려 죽은 것을, 아스크 마을의 주민들이 집단 학살당한 것을, 점령당한 릴에서 수천 명의 시민들이 저항 시위를 했던 것을 잊지 않았습니다. 그들은 부차에서, 이르핀에서, 보로디안카에서, 볼노바하

우크라이나에서 온 메시지

에서, 트로스얀네츠에서 무슨 일이 일어났는지를 봅니다. 헤르손과 멜리토폴과 베르댠스크와 다른 도시들에서 시민들이 끝까지 포기하지 않는 것을 봅니다. 수천 명의 우크라이나인들이 평화의 행진을 벌일 때 점령군이 할 수 있는 것이라고는 민간인을 향한 총질뿐임을 보며 그들의 과거를 기억합니다.

네덜란드인들은 로테르담이 어떻게 97톤에 달하는 나치의 폭탄을 맞고 완전히 파괴된 첫 번째 도시가 되었는지 잊지 않았습니다. 체코인들은 나치가 한나절 만에 리디체 주민들을 몰살하고 그 자리에 잿더미만 남겨둔 것을 잊지 않았습니다. 그들은 잿더미 외에 아무것도 남지 않은 포파스나를 봅니다. 그리스인들은 그들이 어떻게 학살과 처형, 봉쇄와 대기근에서 살아남았는지를 잊지 않았습니다. 그들은 과거를 기억합니다.

미국인들은 그들이 어떻게 (태평양과 유럽) 두 전선에서 동시에 악과 싸웠는지를 잊지 않았습니다. 그들은 동맹국들과 더불어 전투를 치렀던 진주만과 됭케르크를 떠올립니다. 모두가 함께 새로운, 그러나 결코 더

쉽지 않은 전투를 겪고 있습니다. 그들의 과거를 기억합니다.

홀로코스트 생존자들은 잊지 않았습니다. 한 민족이 다른 민족을 어디까지 증오할 수 있는지를, 그들은 기억합니다. 리투아니아, 라트비아, 에스토니아, 덴마크, 조지아, 아르메니아, 벨기에, 노르웨이, 그리고 다른 나라 국민들도 잊지 않았습니다. 조국이 나치즘으로 고통받았던 나라들, 연합국에 참여해 대항하고 결국 나치즘을 물리친 나라들, 이들 모두 과거를 기억합니다.

하지만 이 모든 범죄에서 살아남고, 수백만 명을 잃고, 함께 싸워 이긴 후에도 그 승리를 스스로 모독하는 자들이 있습니다.

바로 우크라이나 포격을 지휘한 자입니다. 자기 조상들과 우리 조상들이 함께 힘을 합쳐 해방했던 바로 그 도시들에 폭탄을 떨어트리는 자입니다. 부차에서 민간인들을 고문한 범죄자들을 전승기념일 행사의 주인공으로 내세워 자신들의 기념일에 침을 뱉은 자입니다. 전 인류를 욕보인 자입니다.

하지만 그자들은 가장 중요한 한 가지를 잊고 있습

니다. 악은 항상 패한다는 사실입니다.

친애하는 우크라이나 국민 여러분, 우리는 오늘 우리의 조국과 세계를 나치로부터 지켜낸 모든 이들에게 경의를 표합니다. 우리는 히틀러를 상대로 승리한 우크라이나인들의 위업과 공헌을 기억합니다. 그들은 폭발과 총성, 참호, 부상, 기근, 폭격, 봉쇄, 집단 처형, 보복 작전, 점령, 집단수용소, 가스실, 노란 별,* 게토, 바빈야르, 카틴,** 감금, 그리고 강제 노동을 겪었습니다.

그리고 이 단어들이 무엇을 의미하는지 우리가 직접 겪지 않고 오직 역사책을 통해서만 배울 수 있도록 하기 위해 목숨을 바쳤습니다.

그런데 그들이 겪었던 일들이 되풀이되고 있습니다. 그들 모두를 욕되게 하는 일입니다.

하지만 이것만은 기억합시다. 진실은 승리합니다. 그리고 우리는 이 모든 것을 헤쳐나갈 것입니다.

* 나치는 유대인을 식별하기 위해 겉옷에 노란색 다윗의 별 모양 배지를 붙였다.
** 1943년 3월 22일, 우크라이나의 친나치 민족주의자들로 구성된 경비부대가 나치 친위대의 지원을 받아 인구 150명 안팎의 작은 마을 카틴 주민 전체를 학살하고 마을을 불태운 전쟁 범죄.

2월 24일에 시작되어 5월 8일 현재까지 좀처럼 끝나지 않는 이 겨울을 우리는 통과할 것입니다. 우크라이나의 태양은 이 겨울 역시 녹일 것입니다.

우리 온 나라가 함께 동트는 새벽을 맞이할 것입니다. 멀지 않은 어느 날, 사랑하는 이들이 다시 만나게 될 것입니다.

점령당했던 도시들에 우리 국기가 휘날릴 것입니다.

나라는 다시 하나가 되고, 평화가 돌아올 것입니다.

그리고 세상은 더 이상 무채색이 아니게 될 것이며, 파란색과 노란색*으로 이루어진 꿈을 꿀 것입니다.

바로 이것이 우리 선조가 싸워 얻으려 했던 것입니다.

* 우크라이나 국기의 색깔.

16

자유로운 국민

우크라이나 독립기념일 연설
2022년 8월 24일, 키이우

독립국 우크라이나의 자유로운 국민.

이 네 마디의 말이 모든 것을 말해줍니다. 전면전이 시작된 지 182일째인 오늘 이 짧은 문구가 얼마나 많은 것을 의미하는지 모릅니다. 얼마나 많은 상징과 사상, 승리와 패배, 기쁨과 고통이 이 네 마디 안에 들어 있는지요. 그리고 얼마나 많은 진리가 이 네 마디 안에 담겨 있는지요.

이 네 마디는 아무도 반박할 수 없는 진리를 이야기합니다. 우리는 독립국 우크라이나의 자유로운 국민이라는 진리 말입니다. 현재를 설명하는 진리는 이겁니다. 지난 6개월 동안 우크라이나를 무너트리려는 시도가 있었지만 우리는 여전히 독립국 우크라이나의 자유로운 국민입니다. 이는 우리의 미래에 관한 진리이기도 합니다. 우리는 앞으로도 독립국 우크라이나의 자유로운 국민으로 남을 것입니다.

6개월 전 러시아가 우리를 상대로 전쟁을 선포했습니다. 2월 24일 우크라이나 전역에서 폭발음과 총성이 들렸습니다. 8월 24일이면 우크라이나는 더 이상 독립기념일 축하 인사를 나누지 못할 거라고들 했습니다. 2월 24일만 해도 "우크라이나는 가망이 없다"라고들 했습니다. 하지만 8월 24일이 되었고 우리는 독립기념일을 기리는 인사를 나누고 있습니다.

지난 6개월 동안 우리는 역사를 바꿨고, 세상을 바꿨고, 무엇보다 우리 스스로를 바꿨습니다. 오늘 우리는 누가 우리의 동지이고 친구인지, 누가 가볍게 아는 사이조차 되지 못하는지 분명히 알게 되었습니다. 우리는 누가 자신의 명성과 평판을 지켰고, 누가 테러리스트의 편에 있었는지 압니다. 누가 우리를 원치 않는지, 누가 우리에게 문을 열어주는지 압니다. 우리는 비

우크라이나에서 온 메시지

로소 누가 누구인지 알게 되었습니다.

그리고 전 세계가 우크라이나인들이 어떤 사람인지 알게 되었고, 우크라이나가 어떤 나라인지 알게 되었습니다. 다시는 그 누구도 우리를 두고 '러시아 근처 어딘가에 있는 나라'라고 하지 않을 겁니다.

우리는 우리 스스로를 존중하게 되었습니다. 다른 나라가 우리를 돕고 지원할 수는 있어도 우리의 독립을 위해 싸우는 것은 오직 우리라는 사실을 깨닫게 되었습니다. 그래서 우리는 단합하게 되었습니다.

우리는 아직 하이마스*를 갖고 있지 않습니다. 하지만 우리에게는 맨손으로 탱크를 막으려는 사람들이 있습니다. 우리의 우방국들은 비행금지구역을 설정할 준비가 되어 있지 않지만, 우리에게는 자신의 목숨을 희생해서라도 자신이 태어난 나라를 지키려는 사람들이 있습니다.

우크라이나인들의 용기가 전 세계에 영감을 주고 있

---

* 공식 명칭은 M142 HIgh Mobility Artillery Rocket System. 미군이 개발한 다연장 로켓 시스템으로, 2022년 6월부터 우크라이나 군대가 사용 중이다 — 원주.

습니다. 이 세상에서 정의가 완전히 사라진 게 아니라는 인류의 희망을 회복시켜주었습니다.

우크라이나인들은 승리를 가져오는 건 무력이 아니라 진실임을 보여주었습니다. 돈이 아니라 가치가, 석유가 아니라 사람이 승리한다는 것을 보여주었습니다.

어제까지만 해도 세계는 분열되어 있었습니다. 코로나19에 대한 대응으로 사람들은 각자 자기 살길을 찾아야 했습니다. 그런 상황을 우크라이나가 단 6개월 만에 바꿔놓았습니다. 이제부터 모든 역사책에 새로운 장章 하나가 추가됩니다. '우크라이나가 세계를 단결시켰을 때'가 그 장의 제목입니다. 민주주의가 그 힘을 회복했을 때, 독재 국가가 그들도 알아듣는 말로 답을 듣게 되었을 때이기도 합니다.

사람들은 유럽이 국제 정치에서 더 이상 중요한 플레이어가 아니라고 말했습니다. 유럽은 약하고, 분열되어 있고, 수동적이고, 생기를 잃었다고 했습니다. 하지만 우크라이나가 그 대륙 전체를 깨웠습니다. 이제 유럽인들은 광장으로 달려 나갑니다. 이제 유럽은 강력한 제재를 도입합니다. 이제 유럽은 만장일치로 우크라이나를 EU의 후보국으로 받아들입니다.

대기업들은 돈에서 여전히 냄새가 난다는 것을, 그들이 벌어들인 돈에서 피와 재, 죽음의 냄새가 풍길 수 있음을 깨달았습니다. 이제 기업들은 러시아 시장에서 일제히 빠져나오고 있습니다. 금전적 손해보다 사람이 더 중요해진 것입니다.

대중의 여론이 정치인들에게 이토록 큰 영향력을 가졌던 적이 없습니다. 이제 국민이 정부의 행동을 결정합니다. 무관심하거나 행동하지 않거나 미적거리는 태도를 그 국민들이 부끄럽게 여깁니다. 모호한 약속을 하거나 지나치게 외교적인 언어를 사용하는 것을 창피하게 느낍니다. 우크라이나를 지원하지 않는 것을 수치스럽게 생각합니다.

우크라이나가 지겹다고 말하는 것은 부끄러운 일이 되었습니다. 어쩌면 피로를 느끼는 게 더 편안할 수 있습니다. 피곤하다는 이유로 지금 상황에 눈감을 수 있으니까요. 하지만 요즘 세계의 지도자들과 그들의 국민에게서 듣는 얘기는 다릅니다. 이제 그들은 "끝까지, 승리의 그날까지 우크라이나와 함께하겠다"라고 말합니다.

우크라이나 국민 여러분, 우리에게 독립기념일은 항상 중요한 날이었습니다. 우크라이나의 독립을 위해 싸웠던 이들에게 감사를 표하고 우크라이나 국기에 경의를 표하는 기회였습니다. 우리의 손을 가슴에 얹고 국가를 부르며 자랑스럽게 "우크라이나에 영광을!" "영웅들에게 영광을!"이라고 말하는 순간이었습니다.

2월 24일, 우리는 그 말이 진심이었음을 행동으로 증명해야 했습니다. 그날 우크라이나의 두 번째 국민투표가 있었습니다.* 이번에도 질문은 독립이었습니다. 이번에도 국민의 선택은 단호했습니다. 하지만 이번에는 투표용지에 '예'라고 쓰는 게 아니라 자신의 영혼과 양심에 '예'라고 말해야 하는 투표였습니다. 이번에는 국민들이 투표소로 가는 대신 병참기지로, 예비군 부대로, 자원봉사 운동으로, 정보부대로 가야 했고, 그렇

---

* 우크라이나의 독립을 결정하는 국민투표는 1991년 12월 1일에 있었다 — 원주.

우크라이나에서 온 메시지

지 않으면 평상시 자신이 일하던 곳에서 우리 공동의
목표를 위해 꾸준하고 성실하게 일해야 했습니다.

우리 모두가 변화했습니다. 어떤 이들은 한 인간으
로, 시민으로, 혹은 단순히 우크라이나인으로 새롭게
태어났습니다. 그리고 어떤 '우크라이나인'들은 어딘
가로 사라져버렸습니다. 죽은 게 아니라 한 인간으로
서, 시민으로서, 우크라이나인으로서 존재하기를 멈춘
것입니다. 오히려 잘된 일인지 모릅니다. 이제 서로를
방해하지 않을 것이기 때문입니다. 우리는 각자 선택
했습니다. 어떤 이들은 마리우폴을 선택했고, 어떤 이
들은 모나코를 선택했습니다.* 하지만 우리는 대다수
가 선택한 쪽이 어디인지 알고 있습니다. 마침내 우리
는 하나가 되었습니다.

그렇게 2월 24일 새벽 4시에 새로운 나라가 나타났
습니다. 탄생한 것이 아니라, 거듭난 것입니다.

이 나라는 울지 않았고, 소리 지르지 않았으며, 겁을

---

* 우크라이나의 부유층 일부는 전쟁이 발발하기 몇 달 전 모나코로 이주했다 -
  원주.

먹지도 않았습니다. 이 나라는 도망가지 않았고, 포기하지 않았으며, 잊지도 않았습니다.

이 나라의 깃발은 곧 전국에서 휘날릴 것입니다. 돈바스에서, 크름반도에서 펄럭일 것입니다. 적은 우리가 화환과 샴페인을 들고나와 자신들을 환영할 거라 생각했습니다. 우리는 그들을 화염병으로 맞이했습니다. 그들은 우크라이나인들의 박수와 환호성을 기대했지만 그들이 들은 것은 천둥처럼 울려 퍼지는 우리의 포성이었습니다.

점령군은 침공한 지 며칠 안에 수도 키이우의 도심을 행진할 거라 생각했습니다. 지금 흐레샤티크*에 가면 그들의 '행진'을 구경할 수 있습니다. 키이우의 도심에서 볼 수 있는 적의 군 장비는 불에 탔거나, 고장 났거나, 파괴된 것들뿐입니다.

어떤 군대를 가졌느냐는 우리에게 중요하지 않습니다. 우리에게 중요한 것은 우리의 국토입니다. 우리는 이를 지키기 위해 끝까지 싸울 것입니다.

* 키이우의 중심가.

우리는 6개월 동안 버텨냈습니다. 힘들었지만 우리는 주먹을 불끈 쥐고 살기 위해 싸웠습니다. 매일매일 우리는 포기하지 않을 이유를 발견합니다. 이 모든 일을 겪고 난 지금, 끝을 보지 않을 권리가 우리에게는 없습니다.

전쟁을 끝내기 위해 필요한 것이 무엇입니까? 과거에 우리는 그것이 '평화'라고 했습니다. 이제 우리는 '승리'라고 말합니다.

우리는 테러리스트와 합의를 보지 않을 것입니다. 그들은 러시아어를 '지키겠다'라며 들어왔지만 그들이 '해방시키겠다'던 사람들 수천 명을 죽였습니다. 러시아어를 쓰는 저들 살인자, 강간범, 약탈자보다 차라리 영어를 쓰는 보리스 존슨*이 우리와 훨씬 말이 통합니다. 저들보다 우리와 훨씬 가깝고요.

우리가 협상 테이블에 앉게 된다면 그건 저들의 총이 우리 머리를 겨누어서는 아닐 것입니다. 우리가 생

---

* 보리스 존슨은 2022년 9월까지 영국의 총리였고, 젤렌스키가 이 연설을 할 때 키이우를 방문 중이었다 – 원주.

각하는 가장 끔찍한 강철은 미사일이나 비행기, 탱크에 사용된 쇠가 아니라 족쇄에 사용된 쇠입니다. 우리는 쇠사슬에 묶여 사느니 참호 속에서 사는 쪽을 택하겠습니다.

우리는 두 손을 단 한 번, 승리를 자축하며 들어 올릴 것입니다. 영토가 모두 회복된 우크라이나로서 말입니다. 우리는 영토와 국민을 두고 흥정하지 않습니다. 우크라이나라고 할 때는 모든 우크라이나를 의미합니다. 어떤 '양해'나 '타협'도 없는 25개 지역 모두가 우크라이나입니다. 우리는 양해, 타협 같은 표현을 더 이상 인정하지 않습니다. 그 단어들은 2월 24일 날아온 미사일에 파괴되었습니다.

돈바스는 우크라이나입니다. 어떤 방법으로든 우리에게 되돌아올 것입니다. 크름반도는 우크라이나입니다. 어떤 방법으로든 우리에게 되돌아올 것입니다.

러시아인 여러분, 러시아 군인들이 죽지 않기를 바랍니까? 우리의 땅을 해방시키면 됩니다. 러시아의 어머니들이 울지 않기를 바랍니까? 우리의 땅을 해방시키면 됩니다. 이것이 우리의 단순 명료한 요구 조건입니다.

독립국 우크라이나의 자유로운 국민. 우리는 서로 다른 다양한 장소에서 오늘을 보내고 있습니다. 어떤 이들은 참호와 방공호 안에서, 탱크와 보병 전투 차량 안에서, 바다에서 하늘에서, 그리고 최전선에서 독립을 위해 싸우고 있습니다. 어떤 이들은 도로 위에서, 차에서, 최전방 군인들이 필요로 하는 물자를 운반하는 트럭과 기차에서 독립을 위해 싸우고 있습니다. 또 어떤 이들은 스마트폰과 노트북, 컴퓨터로 모금해 군인들에게 전달할 물자를 확보하면서 독립을 위해 싸우고 있습니다.

우리 모두는 서로 다른 환경과 조건, 심지어 서로 다른 시간대에서 오늘을 보내고 있지만 동일한 하나의 목표를 갖고 있습니다. 우크라이나의 독립 수호와 승리입니다.

우리는 하나입니다. 즐거운 독립기념일을 보내시기 바랍니다. 우크라이나에 영광을.

A MESSAGE

FROM

UKRAINE

5부

우리의 사람들

어떤 이들은 이것이 문명과 문명 사이의
전쟁이라고 말합니다. 저는 동의하지 않습니다.
이것은 세계관과 세계관 사이의 전쟁입니다.

러시아의 우크라이나 침공은 유럽의 한 나라에 국한된 문제가 아니다. 이 전쟁은 자유와 억압, 민주주의와 독재주의라는 두 개의 서로 다른 가치 체계 사이의 싸움이다. 워터스톤 서점 특별판에 추가된 두 연설을 통해 우크라이나 대통령 젤렌스키와 영부인 올레나 젤렌스카가 이야기하는 우크라이나의 가치와 그것이 왜 세계의 미래에 중요한지를 살펴보자.

17

가치의 위기

OECD 연설
2022년 6월 9일, 파리 (화상 연결)

세계는 지금 몇 가지 전 지구적 위기를 겪고 있습니다. 식량 위기와 에너지 위기, 그리고 흔히 지정학적 위기라 일컫는 것입니다. 하지만 저는 이를 가치의 위기라 부릅니다.

지난여름 러시아가 이 세 가지 위기를 만들어냈을 때, 세계는 우리가 어디로 가고 있는지 알고 싶어 하지 않았습니다. 얼마나 많은 것들이 동부 유럽에서 벌어지는 상황에 달려 있는지 세계는 알고 싶어 하지 않았습니다.

러시아가 우크라이나를 상대로 벌이고 있는 전쟁,

그리고 유럽과 전 세계 사람들이 가진 삶의 규범에 대한 러시아의 도발은 심각한 결과를 초래했습니다. 수만 명이 목숨을 잃었습니다. 우크라이나의 수백 개 도시와 마을이 파괴되었습니다. 1200만 명의 우크라이나인들이 전쟁을 피해 삶의 터전을 떠나게 되었고, 유럽에 제2차 세계대전 이후 최대의 난민 사태를 불러왔습니다.

세계에서 가장 중요한 식량 운송로 중 하나인 흑해를 러시아 해군이 봉쇄했습니다. 여러 대륙에 걸쳐 수억 명이 식량 부족과 기아의 위기에 처했습니다. 이번 기아 사태는 전적으로 러시아의 책임입니다. 그에 더해 유럽은 사상 최악의 에너지난을 경험하고 있습니다.

우리는 러시아가 자유세계에 또 어떤 위기를 준비하고 있는지 알지 못합니다. 만약 러시아군이 대량 살상 무기를 사용한다면 무슨 일이 일어나겠습니까? 러시아의 공격으로 우리가 마시는 식수원이 위협받는다면 어떤 일이 일어나겠습니까? 흑해 유역에서 방사능이나 화학물질 오염이 발생하고 이것이 지중해 일부로

우크라이나에서 온 메시지

퍼지면 어떻게 되겠습니까?

우리가 세계를 향해 러시아가 전쟁을 준비하고 있다고 경고하고 이를 막아낼 강력한 제재의 필요성을 강조했을 때—모스크바가 침략할 경우 반드시 대가를 치르게 될 것임을 인식하기를 바랐을 때—세계는 우리의 말에 귀 기울이지 않았습니다.

우리는 러시아의 대유럽 에너지 정책이 우크라이나 가스 공급뿐 아니라 전 유럽의 가스 공급에 문제를 일으키도록 설계되었다고 경고했지만, 유럽인들은 우리의 말을 충분히 이해하지 못했습니다.

그리고 아조우해의 자유로운 항해를 봉쇄하려는 러시아의 움직임이 첫 단계에 불과하다고 경고했을 때도 많은 나라가 이를 믿고 싶어 하지 않았습니다. 그런 봉쇄는 불가능하다고 공개적으로 반박했습니다.

하지만 이 모든 일은 가능했을 뿐 아니라 실제로도 일어났습니다.

왜일까요? 세계가 공동의 이익, 즉 평화와 안보, 자유, 자유무역, 생명의 신성함 같은 기초적인 이익 수호를 위해 강경하게 대응할 수 있다는 걸 러시아에 제때 보여주지 않았기 때문입니다.

세계는 오래도록 우크라이나와 우크라이나가 하는 경고의 중요성을 인정하지 않았습니다. 하지만 러시아는 우크라이나 정부와 영토를 조금만 위협해도 전 세계가 그 영향을 받게 된다는 걸 이미 예전부터 알고 있었습니다.

이것이 러시아가 우크라이나를 제어하고 싶어 하는 이유입니다. 그리고 이것이 바로 우크라이나를 지키는 데 도움 주는 것이 전 세계의 이익이 되는 이유입니다.

우리 나라를 위협하는 러시아의 전쟁을 지금 당장 중단시켜 흑해를 통과하는 식량 이동의 안전을 보장해야 합니다. 그리고 러시아는 아프리카와 아시아 사람들을 볼모로 잡고 유럽에 새로운 이민 행렬을 만들어 낸 것에 책임져야 합니다. 세계적 차원에서 러시아를 상대로 장기간에 걸쳐 가혹한 제재를 가해야 합니다.

러시아가 UN 식량농업기구FAO에 남아 있는 것도 있을 수 없는 일입니다. 적게는 4억 명, 많게는 10억 명을 굶주리게 만드는 나라가 어떻게 식량농업기구에 있을 수 있습니까?

가능한 한 이른 시일 내에 우크라이나의 장기적인 안보를 보장해야만 유럽의 장기적 에너지 안보 역시 보장할 수 있습니다. 이는 러시아에서 공급받던 화석 연료를 친환경 에너지와 그린 수소로 대체하는 것을 의미합니다.

러시아가 전쟁 중에 우크라이나를 상대로 가한 환경적 위협이 우크라이나 국민과 이웃 나라들을 해치지 않도록 우크라이나의 전후 재건 작업을 즉시 시작해야 하는 것은 물론입니다.

현재 러시아가 미사일과 공습, 포격을 동원해 무자비하게 파괴하고 있는 우크라이나의 돈바스 지역은 세계적인 공업지대입니다. 이곳에는 풍부한 탄광과 금속 및 화학 기업들이 있습니다. 그런 지역에 가해지는 위협 - 특히 현재 러시아가 사용하고 있는 무기를 동원한 적대 행위 - 은 주변 넓은 지역에 대한 환경 위협을 의미합니다. 지하수와 하천, 아조우해와 흑해를 오염시키는 위협입니다. 이런 일이 유럽과 세계에 끼칠 문제를 상상해보십시오.

신사 숙녀 여러분, 저는 연설 서두에 세계가 가치의

위기를 겪고 있다고 말씀드렸습니다. 이게 무슨 뜻일까요?

러시아의 침략으로 대표되는 세계적인 위협을 이해하지 못하는 정부나 국가, 국제기구는 없습니다. 하지만 이런 위기도 적당히 버티면 넘길 수 있다고, 현재 벌어지는 상황에 대응하지 않아도 될 거라고 생각하는 정부와 국가, 국제기구는 존재합니다.

이건 지정학적 문제가 아닌 가치의 문제입니다. 이들이 지정학을 논하는 이유는 스스로 자신의 가치(원칙)를 포기하고 있다는 사실을 인정하고 싶지 않기 때문입니다.

저는 여러분(OECD 회원국)이 원칙을 고수하고 계시는 것에, 여러분의 가치를 기꺼이 지키려 한다는 사실에 감사드립니다. 원칙과 가치야말로 지속적인 발전을 가능하게 하는 유일한 기반이기 때문입니다.

여러분이 러시아와의 모든 협력을 종료하고 러시아가 OECD에 가입하는 절차를 중단한 – 그리고 모스크바에 있는 OECD 사무소를 폐쇄한 – 조치는 올바른 결정이었습니다. 다른 국제기구들도 OECD의 결정을 본

우크라이나에서 온 메시지

보기로 삼아야 합니다.

하지만 여기에서 멈춰서는 안 됩니다. 우리는 계속해서 국제기구와 개별 국가 차원으로 모든 수단을 동원해 러시아에 압력을 가해야 합니다. 세계는 국제적 협력과 발전으로 가는 길을 막는 그 어떤 장애물도 제거해야 합니다. 이 길을 막는 첫 번째 장애물이자 가장 커다란 장애물이 바로 러시아의 침략입니다.

18

우크라이나 사람들이
우크라이나입니다

올레나 젤렌스카, 우크라이나 영부인
얄타 유럽 전략 회의 연설
2022년 9월 10일, 키이우

저는 종종 인터뷰 자리에서 러시아 침략으로 가장 두려운 것이 무엇이냐는 질문을 받습니다. 언론은 각종 순위를 매기는 걸 좋아하죠. 그럴 때마다 저는 진실한 답을 드리려 노력합니다. 제 대답은 침략의 모든 면이 두렵다는 것입니다.

저는 러시아가 우크라이나인에게 가한 가장 큰 테러가 무엇인지 가려내는 것은 불가능하다고 생각합니다. 또한 그렇게 순위를 매기는 것 자체가 근본적으로 잘못되었다고 생각합니다. 무엇이 더 끔찍합니까? 러시아의 미사일과 포격으로 망가져버린 하르키우 시내 버

스정류장에서 죽은 십 대 아들의 손을 부여잡고 있는 아버지의 모습이 더 끔찍합니까, 아니면 독립기념일에 차플린 마을에서 러시아의 로켓포 공격으로 무너진 집의 잔햇더미 속에서 아들의 죽음에 통곡하고 있는 또 다른 아버지의 모습이 더 끔찍합니까?

어느 쪽이 더 괴롭습니까? 간신히 죽지 않고 마리우폴을 탈출할 수 있었던 나디야 스트렐초바의 이야기입니까, 아니면 하루도 빠짐없이 폭격당하고 있는 하르키우에서 일기를 쓴 안나 힌의 이야기입니까?

비탄과 고통은 순위를 매길 수 없습니다. 테러는 순위를 매길 수 없습니다. 매번 더할 나위 없이 고통스럽습니다.

인류 사회가 저지른 가장 큰 실수는 20세기의 잔인한 실험들이 새천년의 도래와 함께 막을 내렸다고 착각한 것입니다. 우리는 달력의 힘을 과대평가했습니다. 한 세기가 끝나고 새 세기가 막을 올리면 깨달음이 자동으로 찾아올 것이라고 막연하게 믿었습니다.

우리는 비로소 암흑이 생각보다 훨씬 더 가까이 있었음을 알게 되었습니다.

부차는 하나의 전환점이었습니다. 부차의 참상이 알려지면서 우리는 더 이상 예전처럼 살아갈 수 없게 되었습니다. 아우슈비츠를 겪은 이후 우리가 더 이상 예전과 같을 수 없게 된 것처럼 말입니다. 우리는 사람들에게 고통과 아픔을 주는 일을 계속 되풀이할 수 없다는 것을 깨달았습니다.

어떤 이들은 이것이 문명과 문명 사이의 전쟁이라고 말합니다. 저는 동의하지 않습니다. 이것은 세계관과 세계관 사이의 전쟁입니다.

이 전쟁은 우리 모두가 반드시 답해야 하는 질문을 던집니다. 당신이 소중히 여기는 가치는 무엇입니까? 당신은 어느 편에 서 있습니까?

당신은 침략과 전쟁 도발을 지지합니까, 아니면 자신을 지키려는 이들을 지지합니까?

우리 편에서는 그 무엇보다 사람을 중요하게 여깁니다. 남녀노소 할 것 없이 모든 사람이 세상에서 가장 중요한 가치를 지닙니다. 단 한 사람도 사회와 우리 나라에 없어서는 안 될 존재입니다. 우리가 우리 국민을 구하는 것은 우리 나라를 구하는 일입니다.

우크라이나에서 온 메시지

"우리 국민을 구한다"라는 저의 말은 단순히 전방에서 싸우는 것만을 의미하지 않습니다. 우리는 위험한 전쟁 지역에서 시민을 대피시키고, 소아암 환자들을 외국으로 이송해 즉각적인 치료를 받게 하고, 전쟁으로 가장 큰 피해를 입은 도시와 마을에 있는 산부인과 병원에 인큐베이터를 제공하면서 우리 국민을 구합니다.

러시아의 침공 이후 우크라이나에서 조산아 수가 두배로 증가한 것을 여러분은 아마 모르실 겁니다. 임신부들이 스트레스로 조산을 하고, 0.7킬로그램밖에 안 되는 아기가 태어나기도 합니다. 그래도 우리는 이 아기들의 생명을 유지하기 위해 할 수 있는 모든 것을 하고 있습니다. 이 아기들은 우리에게 소중합니다.

저는 최근에 사샤라는 어린 소녀의 영상을 보았습니다. 부차에서 러시아 군인들에게 근거리 총격을 당해 한쪽 팔을 잃은 이 소녀는 조금씩 인공 팔 사용법을 배우고 있습니다. 사샤는 6개월 만에 처음으로 양손을 모두 쓸 수 있게 되었습니다.

우리에게 교훈을 주는 이 소녀를 비롯해 전쟁으로

부상당한 모든 이들이 전쟁이 끝난 후 적절한 기회를 얻을 수 있다면 우크라이나의 장래는 밝을 것입니다.

우리의 어린이들이 배우고, 자라고, 성장할 수 있다면 우크라이나는 성공할 수 있습니다. 우크라이나의 성인 인구가 일을 할 수 있고 가족을 부양할 수 있다면 우크라이나 경제는 살아날 것입니다.

단순히 건물과 인프라의 총합을 우크라이나라고 하지 않습니다. 우크라이나 사람들이 우크라이나입니다. 우리의 최우선 순위는 모든 이들의 신체적, 정신적 건강을 회복하는 것입니다. 한 예로 우크라이나는 응급 심리 치료와 정신과 치료 시스템을 준비하고 있습니다. 전 세계적으로 유례없는 일입니다.

저는 지난 7개월 동안 우크라이나가 겪어야 했던 일을 그 누구도 다시 겪지 않기를 바랍니다. 침략자들의 손에 피해를 본 나라들을 재건하는 일이 필요하지 않은 세상이 오기를 바랍니다.

어린이들을 학교가 아닌 지하실 방공호로 데리고 가는 것이 얼마나 고통스러운 일인지 이루 설명하기 힘듭니다. 아무도 아이들에게 세상에는 다른 사람들을 죽이고 싶어 하는 사람들이 있다는 것과 그 이유를 설명하지 않아도 되기를 바랍니다.

하지만 저는 인류 공동의 가치가, 그리고 우리 국민에 대한 우리의 사랑과 그들을 지키려는 우리의 열망이 끝내 이기리라 믿습니다. 저는 인간성이 침략을 이길 것이라 믿습니다. 세계가 옳은 선택을 할 시간은 아직 남아 있습니다.

19

우리는 이미 승리했습니다

미국 의회 연설*
2022년 12월 21일, 워싱턴 D.C.

친애하는 미합중국 국민 여러분, 우크라이나 국민만
큼이나 자유와 정의의 가치를 소중히 생각하는 미국의
각 주와 도시, 공동체에 살고 있는 한 분 한 분의 가슴에
제가 드리는 존경과 감사가 전달되기를 바랍니다.

온갖 역경과 희박한 가능성 그리고 어두운 전망에도
불구하고 우크라이나는 무너지지 않았습니다. 우크라

● 2022년 2월 러시아의 침공 이후 젤렌스키 대통령이 우크라이나를 벗어나
다른 나라를 방문한 것은 처음이다. 젤렌스키 대통령은 백악관에서 조 바
이든 대통령과 정상회담을 가진 후, 미 의회를 방문해 상·하원 합동회의에
서 연설했다.

이나는 살아서 저항하고 있습니다. 감사합니다. 우리는 세계인의 마음을 얻기 위한 전쟁에서 이미 러시아에 승리했습니다. 우리가 처음으로 여러분과 힘을 모아 이룩한 이 승리를 함께 나누고자 합니다. 우리는 두렵지 않습니다. 마찬가지로 전 세계의 그 누구도 두렵지 않아야 합니다. 우크라이나인들은 이 승리를 쟁취했습니다. 그것이 우리에게 용기를 주고, 그 용기는 전 세계에 영감을 줍니다.

미국인들은 이 승리를 쟁취했습니다. 그것이 바로 미국이 국제 사회를 단결시켜 평화와 국제법을 수호하는 데 성공해온 이유입니다. 유럽인들은 이 승리를 쟁취했습니다. 그것이 바로 유럽이 지금 그 어느 때보다 더 강하고 독립적인 이유입니다. 러시아 독재정권은 더는 우리를 통제하지 못합니다. 그리고 절대로 다시는 우리의 마음을 움직이지 못할 것입니다.

하지만 우리는 글로벌 사우스* 국가들도 같은 승리

---

* Global South. 중남미, 아시아, 아프리카, 오세아니아 등 남반구 국가들을 총칭하는 표현. 개발도상국들이 이 지역에 집중되어 있어 상대적으로 선진국이 많은 북반구의 글로벌 노스(Global North)에 대비된다.

를 쟁취할 수 있도록 모든 노력을 쏟아야 합니다. 그리고 매우 중요한 사실이 하나 더 있습니다. 러시아 국민들은 자신들 마음속 크렘린을 무찔러야만 비로소 자유로워질 기회를 얻을 거란 사실입니다. 그러나 전투는 계속되고 있고, 우리는 전장에서 크렘린을 무찔러야 합니다.

이 투쟁은 단지 유럽의 땅덩어리 한 조각을 놓고 벌이는 영토 싸움이 아닙니다. 이 투쟁은 단지 우크라이나를 비롯해 러시아가 정복하려는 국가들의 생명, 자유, 안보를 위한 싸움만이 아닙니다. 이 투쟁은 우리의 자녀와 손자 손녀, 그리고 그들의 자녀와 손자 손녀가 살아갈 세계가 어떤 세계인지 정의하게 될 싸움입니다.

이 투쟁은 우크라이나와 미국, 그리고 전 세계가 민주주의 체제로 남게 될지를 결정할 것입니다. 잠시 멈추거나 연기할 수도 없습니다. 거대한 바다나 다른 무엇이 막아줄 것을 기대하며 무시할 수도 없습니다. 미국에서 중국까지, 유럽에서 라틴 아메리카까지, 아프리카에서 오스트레일리아까지, 국제 사회는 서로 너무나 촘촘하게 연결되어 있고 상호 의존적이어서, 한곳에서 전투가 벌어질 때 다른 나라가 한발 물러서서 혼자 안전하다고 느낄 수 있도록 놔두지 않습니다.

우크라이나와 미국은 이 전투에서 동맹입니다. 그리고 내년이야말로 우크라이나의 용기와 미국의 의지가 우리 모두의 자유, 자신이 믿는 가치를 수호하려는 사람들의 자유를 보장해야 할 전환점이 될 것입니다.

신사 숙녀 여러분, 미국 국민 여러분. 저는 어제 워싱턴 D.C.로 오기 전 바흐무트의 최전선에 있었습니다. 바흐무트는 우크라이나 동부, 돈바스에 있는 우크라이나군의 거점입니다. 러시아군과 용병들은 지난 5월 이래로 쉬지 않고 밤낮없이 바흐무트를 공격하고 있습니다. 하지만 바흐무트는 버티고 있습니다.

작년까지 바흐무트에 7만 명이 살고 있었지만, 현재는 민간인이 거의 남아 있지 않습니다. 바흐무트는 한 뼘의 땅도 예외 없이 모두 피에 물들었습니다. 매 시간 총소리가 울려 퍼지고, 돈바스의 참호들은 격렬한 전투로 하루에도 몇 번씩 점령과 탈환이 반복되고 있습니다. 어떤 때는 무기도 없이 육탄전이 벌어지기도

합니다. 하지만 우크라이나의 돈바스는 버티고 있습니다.

러시아는 모든 수단과 방법을 동원해 바흐무트를 비롯한 아름다운 우크라이나 도시들을 공격하고 있습니다. 그들은 저희보다 우세한 대포와 탄약을 보유하고 있습니다. 우크라이나가 가졌던 것보다 훨씬 많은 미사일과 항공기를 보유하고 있습니다. 이것은 사실입니다. 그러나 우리의 방위군은 버티고 있습니다. 그들이 자랑스럽습니다.

러시아의 전술은 원시적입니다. 눈에 들어오는 모든 것을 불태우고 파괴하며, 폭력배와 범죄자들을 전선으로 보냅니다. 마치 벌지 전투*에서 히틀러가 그랬던 것처럼, 우리를 향해 모든 것을 내던지고 있습니다. 그들은 1944년 크리스마스에 방어선을 지키던 용감한 미군 병사들에게 독일군이 그랬듯, 자유세계를 향해 모든 것을 던지고 있습니다. 올해 크리스마스에는 용

---

* 제2차 세계대전 당시 서부전선에서 독일군이 감행한 최후의 대반격을 가리킨다. 전투가 벌어진 벨기에의 아르덴 숲의 이름을 따서 '아르덴 공세'라고 부르기도 한다.

　　　　　　　　　　우크라이나에서 온 메시지

감한 우크라이나 병사들이 푸틴에 맞서고 있습니다.

우크라이나는 물러서지 않고 절대로 무릎 꿇지 않을 것입니다. 최전선에서도 독재자는 자유 시민들의 삶을 잔인하게 짓밟고 있습니다. 여러분의 지원이 너무나 중요한 이유입니다. 여러분의 지원이 있어야 단순히 버티는 것을 넘어 전장에서의 승리를 이끌어낼 전환점을 만들 수 있습니다.

저희는 대포를 보유하게 되었습니다. 여러분의 지원 덕분입니다. 그것으로 충분하냐고요? 솔직히 말씀드리면 그렇지 않습니다. 바흐무트가 러시아군을 막아내는 저지선에 그치지 않고 완전히 몰아내는 역할을 하려면 더 많은 대포와 로켓포가 필요합니다. 만약 바흐무트 싸움에서 더 많은 무기를 가질 수 있다면, 새러토가 전투*가 그랬듯 독립과 자유를 위한 이 전쟁의 향방을 바꿀 수 있을 것입니다.

• 미국 독립전쟁 중 1777년 9~10월에 걸쳐 현재의 뉴욕주 새러토가 일대에서 식민지 독립군과 영국군이 치른 전투. 독립군이 거둔 가장 큰 승리였으며, 프랑스, 스페인 등 유럽 열강들은 이 전투 이후 미국의 독립을 승인하고 군사 원조를 결정했다. 미국 독립전쟁에서 전환점이 되는 전투이자 궁극적으로 미합중국 건국을 가능하게 한 사건으로 평가된다.

미국의 패트리어트 미사일이 우크라이나 도시들을 향한 러시아군의 테러를 막아준다면, 우크라이나의 애국자들은[*] 모두의 자유를 지키는 데 총력을 다 할 수 있을 것입니다. 러시아는 거리가 먼 우크라이나 도시를 대포로 공격하지 못하면 미사일을 쏘아 파괴하려 합니다. 그뿐만이 아닙니다. 러시아의 학살 작전에 함께하는 동맹국이 있습니다. 바로 이란입니다. 이란이 러시아에 지원한 수백 대의 가공할 드론은 우크라이나의 주요 인프라에 큰 위협이 되고 있습니다. 테러리스트가 다른 테러리스트와 손을 잡는 방식입니다.

그들을 지금 저지하지 못하면 미국의 다른 동맹국들을 공격하는 것은 시간문제입니다. 우리는 지금 행동해야 합니다. 저는 미국과 우크라이나 양국의 동맹에 있어 금기는 없어야 한다고 믿습니다. 우크라이나는 한 번도 우리의 땅에서 우리 대신 미군 병사가 싸워달라고 부탁한 적이 없습니다. 우크라이나 군인들은 미국산 탱크와 항공기를 완벽하게 조종할 수 있습니다.

* 여기에서 '애국자'는 영어로 patriot이며, 미사일 이름과 같다.

재정 지원도 대단히 중요합니다. 그 점에서 여러분에게 깊이 감사드립니다. 여러분이 지금까지 허락해준 재정 지원들과 앞으로 의회 결의를 앞둔 재정 지원들 모두 깊이 감사드립니다. 여러분의 돈은 단순한 기부금이 아니라 세계 안보와 민주주의에 대한 투자입니다. 우리는 막중한 책임감을 갖고 투자금을 운용할 것입니다.

러시아가 공격을 멈출 수도 있습니다. 자신들이 원한다면 말입니다. 하지만 저는 압니다. 여러분은 우리가 승리로 가는 길을 단축시켜줄 수 있습니다. 우리가 승리한다면 잠재적인 미래의 침략자에게 다른 나라의 국경을 침범하고, 잔혹 행위를 하고, 인민의 뜻에 반하는 지배는 그 누구도 시도할 수 없다는 사실을 보여줄 수 있습니다. 테러 국가의 지위를 즐기는 러시아가 자발적으로 평화의 길로 걸어오기를 바라는 것은 순진한 일일 것입니다. 러시아 국민들은 여전히 크렘린의 독에 중독되어 있습니다.

국제법 질서를 회복하는 것은 우리 공동의 임무입니다. 우리에게는 평화가 필요합니다. 맞습니다. 우크라이나는 평화 회복안을 이미 제안했고, 방금 전 바이든 대통령과 논의했습니다. 여기에는 미국과 우크라이나의 공동 안보를 위해 반드시 실행되어야 하고 향후 수십 년 동안 보장되어야 할 10개 조항과 정상회담 개최 계획이 포함되어 있습니다.

바이든 대통령이 오늘 우리의 평화 이니셔티브를 지지해준 데 대단히 기쁩니다. 의원 여러분 한 분 한 분이 이 이니셔티브의 실행을 도와줌으로써 미국의 리더십은 더 공고해지고, 상하원과 양당이 하나가 될 것입니다. 감사합니다.

여러분은 러시아의 침략 행위가 얼마나 파괴적인지 러시아 스스로 느낄 수 있도록 제재를 강화할 수 있습니다. 여러분은 이 명분 없는 범죄적 전쟁을 시작한 모든 책임자가 정의의 심판을 받도록 하는 데 도와줄 힘이 있습니다. 함께합시다. 테러리스트 정권이 자신들이 저지른 테러와 침략에 책임을 지고, 이 전쟁으로 끼친 모든 손해를 배상하게 합시다. 미국의 존재를 전 세계가 보게 합시다.

이틀 후면 우크라이나에서는 크리스마스를 기념할

것입니다. 아마도 촛불을 켜놓고 하겠죠. 로맨틱한 분위기를 위해서가 아니라, 전기가 없어서 그럴 것입니다. 수백만 명의 우크라이나 국민들이 난방과 물조차 없이 크리스마스를 맞이할 것입니다. 러시아의 미사일과 드론이 우크라이나의 에너지 인프라를 공격한 결과입니다.

하지만 우리는 불평하지 않습니다. 우리는 누가 더 쉬운 삶을 사는지 판단하거나 비교하지 않습니다. 미국인의 풍요로운 삶은 미국의 국가 안보가 만들어낸 결실이고, 독립을 위한 투쟁과 수많은 승리의 결과물입니다. 우리 우크라이나인 역시 우리의 독립과 자유를 위한 싸움을 하겠습니다. 존엄한 자세로 투쟁에 임하고, 승리할 것입니다.

우리는 크리스마스를 기념할 것입니다. 비록 전기가 없어도 믿음의 빛마저 꺼지지는 않을 것입니다. 러시아 미사일이 우리를 공격하면 우리는 스스로를 방어하기 위해 최선을 다할 것입니다. 그들이 이란의 드론으로 우리를 공격한다면 우리는 크리스마스이브에 방공호로 대피해야겠지만, 여전히 명절 식탁을 차리고 서로를 격려할 것입니다. 우리는 식탁에 앉아 서로의 소원이 무엇인지 물을 필요가 없습니다. 우리 모두의 소원은 단 하나, 승리라는 것을 이미 알고 있기 때문입니다.

우리는 이미 강한 우크라이나를 만들어냈습니다. 강한 국민, 강한 군대, 강한 정부, 그리고 여러분과 함께 강한 우크라이나를 만들었습니다. 여러분과 함께 우리나라와, 유럽과, 전 세계의 안보를 강화했습니다. 여러분과 함께, 자유를 거역하는 자들을 그들이 있어야 할 곳에 가둬 넣을 것입니다.

이는 유럽과 전 세계의 민주주의를 지키기 위한 초석이 될 것입니다. 이제 이 특별한 크리스마스를 맞이해 여러분 모두에게 감사드립니다. 가정의 따스함을 고맙게 여기며 다른 이들도 그 따스함을 느끼기를 기원하는 모든 가정에 감사드립니다. 바이든 대통령과 민주당, 공화당, 상원과 하원 모두의 소중한 지지에 감사드립니다. 올해 우크라이나를 지원해주고, 우크라이나 난민을 받아주고, 우크라이나 국기를 휘날려준, 우크라이나를 돕기 위해 행동한 모든 도시와 그 시민 여러분에게 감사드립니다. 지금 이 순간 최전방에 있는 모든 우크라이나 군인과 승리를 고대하고 있는 모든 우크라이나 국민이 보내는 감사 인사를 대신 전합니다.

오늘 이 자리에서 프랭클린 루즈벨트 대통령의 말을 떠올립니다. 이 순간에 너무나 적절한 말입니다. "미국 국민은 정의로운 힘으로 압도적인 승리를 거둘 것입니다."* 우크라이나 국민 역시 압도적인 승리를 거둘 것입니다.

모든 것이 우리에게, 우크라이나 군대에 달려 있다는 것을 알고 있습니다. 하지만 그만큼 국제 사회에도 달려 있습니다. 세계의 아주 많은 것이 여러분에게 달려 있습니다. 제가 어제 바흐무트를 방문했을 때 우크라이나의 영웅들이 이 깃발을 건네주었습니다. 자신의 목숨을 걸고 우크라이나와 유럽과 전 세계를 지키고 있는 사람들의 깃발입니다. 이 깃발을 여러분에게, 미

---

* 제2차 세계대전 중 일본군이 진주만을 공격한 다음 날인 1941년 12월 8일, 루즈벨트 대통령의 선전포고 연설에 담긴 문장이다.

국 의회에, 수백만 명의 목숨을 살릴 수 있는 의원 여러분에게 전달해달라고 부탁했습니다.

이제 결정을 내리도록 합시다. 이 깃발이 여러분과 함께하도록 합시다. 이 전쟁에서 이 깃발은 우리의 승리를 상징합니다. 우리는 맞서서 싸우고 이길 것입니다. 왜냐하면 우리는, 우크라이나와 미국과 전 세계의 자유 진영은 하나이기 때문입니다.

마지막으로 이 말을 전하고 싶습니다. 신께서 우리의 용맹한 군대와 시민들을 보호하시기를, 신께서 미합중국을 영원히 축복하시기를. 메리 크리스마스. 행복한, 승리의 새해가 되기를 바랍니다.

슬라바 우크라이니(우크라이나에 영광을).

A MESSAGE

FROM

UKRAINE

젤렌스키 연설의 매력

박상현

푸틴의 우크라이나 침공을 흔히 '21세기에 일어난 20세기형 전쟁'이라고 부르는 데는 그만한 이유가 있다. 러시아군의 전개가 제2차 세계대전 때나 보던 방식이라거나, 실제로 그 당시에 사용하던 무기까지 꺼내 들고 나왔기 때문만이 아니다. 우크라이나 침공은 그 본질이 다른 나라의 영토와 주권을 뺏기 위한 전쟁이고, 그렇기 때문에 어느 쪽이 가해자이고 어느 쪽이 피해자인지에 대해 이론이 거의 없는, 근래에 보기 드문 전쟁이다. 지난 반 세기 넘게 인류 사회에 일어난 전쟁 중에서 전 세계가 단결해 한 편을 지지한 전쟁이 얼마나 될까?

그런데 이런 20세기형 전쟁이 우리가 오래도록 잊고 살았던 오래된 기술art, 예술 하나를 되살려냈다. 바로 대중 연설이다. 물론 연설이 사라진 것은 아니다. 지금도 각국의 대통령과 독재자, 지역 단체장 들은 각종 행사와 TV 카메라 앞에서 연설을 한다. 하지만 우리가 알고 있는 유명한 연설들은 (링컨의 게티스버그 연설처럼) 텍스트로만 남아 있거나 (마틴 루서 킹 목사의 '나에게는 꿈이 있습니다' 연설처럼) 오래된 녹음, 영상으로 전해지고 있다. 근래 들어 정치적, 사상적 지도자들이 연설을 주요 전달 수단으로 사용하지 않고 있음을 보여주는 반증이다. 소셜미디어 시대에 사람들을 열광시키는 건 카메라를 보며 길게 전달하는 연설이 아니라 트위터에서 140자 미만으로 날리는 짧은 한 마디zinger임은 누구보다 정치인들이 잘 안다. 대중 선동을 잘하기로 유명한 도널드 트럼프의 무기는 트윗이었지 연설이 아니었다. 두서없이 길기로 유명한 그의 연설은 열렬 지지자들도 시작과 동시에 자리를 뜨는 것으로 악명이 높다.

이런 시대에 볼로디미르 젤렌스키 우크라이나 대통

령이 연설로 많은 사람을 감동시키는 것은 우연이 아니다. 선악이 분명하게 구분되지 않고 가치가 다원화된 세상에서 대중의 동의를 끌어내고 정당한 분노에 동참하게 만드는 것은 불가능에 가까운 작업이다. 하지만 독재자 푸틴은 전 세계가 TV와 인터넷으로 지켜보는 가운데 러시아의 탱크로 우크라이나 국경을 침공하고 점령지에서 죄 없는 민간인을 학살함으로써 세상에는 논쟁의 여지가 없는 가치가 존재한다는 사실을 일깨워주었다. 따라서 젤렌스키가 하는 연설이 성공적인 이유의 절반은 이 전쟁을 분명한 흑과 백의 싸움으로 만들어준 푸틴에게 있다. 칸 영화제 같은 행사에서 한 국가 리더를 연설자로 초대하는 일은 그만큼 이 전쟁이 보편적인 가치의 싸움이기 때문에 가능했다.

뛰어난 수사법

사람들이 젤렌스키의 연설을 단순히 피해국 지도자의 호소이기 때문에 열심히 듣는 것은 아니다. 뛰어난 예술art은 전달하려는 메시지로만 완성되지 않는다. 오랜 연습과 노력, 재능으로 다져진 기술적 완성도가 드러

우크라이나에서 온 메시지

날 때 사람들의 사랑을 받는다. 젤렌스키의 연설에는 그 완성도가 드러난다. 그 결과는 전 세계적인 우크라이나 지지다. 우크라이나 이민자들이 살지 않는 미국 시골 마을에서 우크라이나 국기를 보게 되는 게 전혀 낯설지 않다.

젤렌스키가 항상 강조하지만 이 전쟁은 2022년 2월 24일에 시작된 게 아니라, 러시아가 우크라이나의 크름반도와 돈바스 지역을 침략한 2014년에 시작되었다. 하지만 이때 우크라이나에서 나온 정부 성명은 (한 언론 보도의 표현을 빌리자면) "옛 소비에트 스타일의 관료주의적 메시지"였고 아무도 귀 기울여 듣지 않았다. 당시 우크라이나는 친러시아 정책을 펼친 빅토르 야누코비치 대통령의 축출로 이어지는 유로마이단 혁명을 통과하고 있었고, 민주주의적 리더의 부재는 전 세계의 무관심이라는 결과로 이어졌다.

밖에서만 보면 이번 우크라이나 침공도 전혀 다를 바 없었다. 전쟁이 시작된 2월까지만 해도 많은 사람이 '코미디언 출신' 대통령이 미국의 도움으로 탈출해서 적당히 망명정부를 꾸리고, 푸틴은 우크라이나에 괴뢰

정부를 세우는 것으로 사태가 마무리되리라 예상했다. 그랬던 세계 여론을 180도 돌려놓은 것은 탈출을 제안한 서방국가들에게 젤렌스키가 했다고 전해지는 한마디, "내게 필요한 건 탄약이지, 탈 것이 아닙니다"였다. 이 말은 온라인에서 바이럴을 일으키며 문자 그대로 결사항전의 자세가 무엇인지 보여줬다.

"나는 여기에 남겠습니다. 탄약을 지원해주십시오"라고 했어도 의미는 전달되었겠지만, 개인의 신변 안전과 (항전을 위한) 탄약을 대비하는 '탈것이 아니라 탄약'이라는 표현이 주는 강렬한 호소력은 없었을 거다. 젤렌스키는 종종 전혀 다른 두 가지를 병치並置해서 그중 하나를 강조하는 방법을 사용한다. 가령 러시아의 침공 몇 시간 전인 2월 24일 0시 30분에 했던 연설「러시아 국민은 전쟁을 원합니까」에서는 푸틴과 통화를 시도했지만 아무런 답이 없었다면서, "조용해야 할 곳은 크렘린이 아니라 돈바스"라고 말하는 게 그렇다. UN 연설「남의 전쟁」에서 우크라이나 출신의 세계적인 성악가의 예술적 가치와 그의 목숨을 앗아간 10달러짜리 총알 하나의 가치를 병치했고, 소셜미디어 텔레그램을 통해서는 "가

우크라이나에서 온 메시지

스냐, 너희 없는 삶이냐? 너희 없이 살겠다"라고 말하면서 가스와 러시아를 병치했다. 이런 수사법은 우크라이나가 중요하게 생각하는 가치가 무엇인지를 보여주는 동시에 듣는 사람에게도 가치판단을 유도한다.

더 두드러지는 건 반복이다. 반복법은 시와 연설문 사이에 차이가 별로 없던 고대부터 애용되어 왔고, 20세기 중반까지도 연설문에서 많이 볼 수 있었지만 (가령 앞서 언급한 킹 목사의 연설에서는 중반에 "나에게는 꿈이 있습니다"라는 말이 다섯 번 반복되면서 주제를 강조한다) 근래에 보기 힘들어진 장치다. 그런데 젤렌스키는 이를 부활시켜 자신이 전달하려는 메시지를 강조하는 동시에, 청중에게 과거 사회를 하나로 묶어준 명연설을 떠올리게 해 지금 일어나는 전쟁의 본질을 확인하게 만든다.

예를 들어 뮌헨 안보회의 연설「역사의 교훈」에서는 "어떻게 21세기 유럽에 다시 전쟁이 일어나고 사람들이 죽는 일이 일어날 수 있습니까? 어떻게 이 분쟁이 제2차 세계대전보다 더 오래 지속될 수 있습니까? 어떻게 우리는 냉전 이래 가장 큰 안보 위기를 맞게 되었습니까?"라는 동일한 형식의 반복된 질문으로 현재 상황을 직시하게 한다. 또 자신이 직접 쓴 이 책의 서문에서 "우리가 과거를 바꿀 수 있다면"이라는 말을 반복하면서 지난 한 해 자신에게 쏟아지는 전 세계의 관심을 현재 우크라이나가 겪고 있는 끔찍한 현실로 돌리려 애쓴다.

이런 수사적 장치의 효과적인 활용은 연설의 대상이 되는 청중과 언론이 그가 말하려는 주제를 어렵지 않게 파악하게 하는 중요한 역할임은 두말할 필요도 없다. 하지만 젤렌스키는 더 나아가서 연설을 할 때마다 언론사 기자가 기사의 제목이나 상단 요약으로 뽑기에 좋은, 그리고 소셜미디어에서 인용되기에 좋은 문장을 꼭 넣는다. "전쟁을 끝내기 위해 필요한 것이 무엇입니까? 과거에 우리는 그것이 '평화'라고 했습니다. 이제 우리는 '승리'라고 말합니다"「자유로운 국민」라는 표현이나, "여러분 나라의 평화는 동맹국들의 힘에 달려 있습니다"「평화의 리더」, "키이우에 폭탄이 떨어지면 유럽에 폭탄이 떨어지는 것입니다"「유럽과의 전쟁」 같은 말이 그렇다. 이렇게 기자와 일반인 청중의 귀에 핵심 구절이라고 분명하게 인식되는 한 줄의 존재는 그의 메시지가 왜곡 없이 빠르게 전 세계로 퍼져나갈 수 있게 만들어주는 가장 중요한 요소다.

진정한 동력, 메시지

젤렌스키가 사용하는 수사법은 그의 연설이 효과적으로 퍼질 수 있게 해주는 장치일 뿐, 연설을 움직이는 동력은 아니다. 진정한 동력은 그가 가진 공감 능력, 강대국의 실수와 오판을 예의 있게 그러나 엄중하게 지적하면서도 요구할 것은 당당하게 요구하는 그의 자신감, 그리고 그의 메시지가 가진 진정성에서 나온다.

이 책에 실린 연설을 읽을 때 먼저 젤렌스키가 그 연설을 어디에서, 누구를 상대로 했는지 꼭 확인하기 바란다. 그는 같은 연설을 여러 곳에서 재활용하는 대신 청중을 연구하고 그 청중이 가진 문화적, 역사적 배경에서 현재 우크라이나의 상황을 가장 쉽게 이해할 수 있는 요소를 찾아내 연설에 넣는다. 영국 의회를 상대로 한 연설「우크라이나는 위대한 나라가 되었습니다」에서는 제2차 세계대전 당시 처칠의 연설을 인용하고, 미국 의회 연설「평화의 리더」에서는 마틴 루서 킹 목사의 연설을 언급하고, 독일 의회를 상대로 한 연설「이 벽을 허무십시오!」에서는 분단되었던 독일의 경험과 나치 시절의 뼈아픈 기억을 일깨운다. 하지만 단순한 언급에 그치지 않는다. "독일인들은 리더가 될 자격"이 있다고 말하고, "미국은 유럽과 전 세계를 돕고 있고" 세계의 정의를 유지하고 있다며 그들을 격려하고 다독인다.

그는 서방 세계가 우크라이나를 돕기 위해 많은 비용을 지불하고 있지만, 러시아라는 골치 아픈 문제를 해결하는 비용으로는 상대적으로 저렴할 뿐 아니라 자국민을 희생할 필요 없기 때문에 손해를 보지 않는다는 것을 잘 알고 있다. 하지만 동시에 민주주의 국가에서는 의회와 국민의 공감대를 끌어내지 않고 총리와 대통령이 혼자 결정할 수 없다는 것도 정확히 이해하고 있기 때문에 그들의 결정을 돕기 위한 아주 정교한 메시지를 만들어내는 것이다. 젤렌스키 연설 중 상당수가 바로 다른 나라의 의회와 국민을 향하고 있는 이유가 여기에 있다.

그리고 무엇보다 젤렌스키의 연설에는 상황의 절박

함과 진정성이 담겨 있다는 사실을 빼놓아서는 안 된다. 어떤 종류의 청중이 젤렌스키의 어떤 연설을 들어도 반드시 느끼게 되는 게 바로 이 절박함과 진정성이다. "매일매일 우리는 포기하지 않을 이유를 발견한다"라며 "이 모든 일을 겪고 난 지금, 끝을 보지 않을 권리가 우리에게는 없다"라고 말하는 젤렌스키, "우리는 두 손을 단 한 번, 승리를 자축하며 들어 올릴 것"이라고 다짐하는 젤렌스키의 말「자유로운 국민」은 명연설의 대명사로 통하는 링컨의 게티스버그 연설을 떠올리게 한다.

링컨의 연설에서 가장 유명한 문구는 "국민의, 국민에 의한, 국민을 위한 정부"이지만, 사실 이 연설의 핵심은 그 뒤에 이어지는 "~는 지상에서 사라져서는 안 됩니다"이다. 링컨의 가장 절박한 호소가 담겼기 때문이다. 당시 미국은 대통령제 민주주의라는, 인류 역사상 유례없는 실험을 하고 있었다. 유럽 열강의 군주들은 미국의 혁명적 실험이 자국으로 번질까 두려워하고 있었다. 그런 와중에 미국에 내전(남북전쟁)이 일어나자 내심 크게 반겼다. 자국 국민들에게 '저런 제도는 실패할 수밖에 없고, 안정된 왕정이 최고의 정치제도'라고 설득할 수 있었기 때문이다.

링컨의 절박함은 단순히 전쟁에서 패한다는 두려움이 아니라, 인류가 실험하는 새로운 민주주의의 실패를 막아야 한다는 책임감에서 오는 절박함이었고, 게티스버그 연설의 위대함은 남북전쟁의 의미를 '인류의 진보'라는 더 큰 목표로 승화시킨 데 있다. 젤렌스키가 러시아의 침공을 유럽의 지정학적 위기로 바라보는 시각에 반대해 세계적인 '가치의 위기'로 해석하고 「가치의 위기」, 영부인 올레나 젤렌스카가 이 전쟁을 문명 간의 전쟁이 아닌 "세계관과 세계관 사이의 전쟁"이라고 이야기하는「우크라이나 사람들이 우크라이나입니다」 것도 다르지 않다. 작게 보면 한 국가의 존망을 건 전쟁이지만, 가치를 지키려 항전하는 나라가 지구상에서 사라진다는 것은 러시아와 같은 권위주의 체제가 민주주의 체제를 상대로 승리하는 것을 의미하기 때문이다.

인류의 새로운 진보를 의미할 줄 알았던 21세기에 들어선 지 22년 만에 유럽이 20세기적인 전쟁을 하게 되었다는 것은 분명 비극이다. 다만 그 과정에서 인류가 인간의 기본권과 민주주의, 민족 자결권에 대한 가치를 다시 한번 생각해보게 되었다는 것은 불행 중 다행이다. 그리고 이 모든 교훈을 이해하기 쉽게 들려주는 훌륭한 연설가를 만나게 된 것은 인류에게 큰 행운이다.

무엇보다 이를 한국 독자들에게 소개하는 작업에 동참하게 된 것은 번역자로서 더할 나위 없는 영광이다. 공동 번역자로 더없이 좋은 호흡을 맞춰주신 박누리 선생님께 깊이 감사드린다.

볼로디미르 젤렌스키

우크라이나 대통령이다. 2019년에 치러진 대선에서 압도적인 표 차이로 제6대 대통령으로 당선한 후, 2022년 2월에 시작된 러시아의 본격적인 침공에 맞서는 우크라이나의 항전을 이끌고 있다. 그는 단호하고 용기 있는 태도와 자유의 가치를 되새기는 강력한 목소리를 통해 전 세계의 지지를 이끌어냈다.

'이 시대의 게티스버그 연설' '수십 년 동안 읽힐 명연설' 등으로 평가받으며 세계인의 마음을 움직인 젤렌스키의 주요 연설문에 손수 쓴 서문을 더한 이 책은 침략에 용감하게 맞서는 한 국가의 이야기이자, 이 세계의 민주주의를 지키는 일에 앞장선 사람들의 이야기를 담고 있다.

유나이티드24(United24)

젤렌스키 대통령의 『우크라이나에서 온 메시지』 수익금 전액은 우크라이나 지원 기부금을 모으기 위한 그의 이니셔티브인 유나이티드24로 전달됩니다. 유나이티드24가 받은 자금은 우크라이나 국립은행의 공식 계좌로 이체되며 정부 각 부처에서 가장 시급한 재건 사업에 할당됩니다. 유나이티드24는 우크라이나 정부에서 운영합니다.

자세한 내용은 u24.gov.ua를 방문하십시오.

옮긴이 **박누리**

미국 브라운대학교에서 공공정책학과 미술사를 공부했다. 20대는 『죽기 전에 꼭 먹어야 할 세계 음식 재료 1001』, 『세계 명화 속 숨은 그림 찾기』 등 다수의 책을 우리말로 옮긴 번역가로, 30대는 한국과 일본에서 굴지의 테크 기업의 IPO, M&A, 지분투자 등을 담당한 테크업계 금융인으로 살았다. 인문학적 두뇌와 자본시장의 감성 사이에서 헤매면서, 다양한 온라인 미디어에 기고하고 있다.

옮긴이 **박상현**

사회학과 미술사를 전공하고 미국과 한국에서 뉴미디어 스타트업과 벤처투자 일을 했다. 고려대학교 사회학과 학사, 미국 위스콘신대학교 매디슨 미술사 석사, 미국 펜실베이니아 주립대학교 미술사 박사과정을 수료했다. 저서로는 『팬데믹 일기』와 『도시는 다정한 미술관』이 있으며, 역서로 『아날로그의 반격』, 『생각을 빼앗긴 세계』, 『라스트 캠페인』 등이 있다. 온라인 매체 오터레터(otterletter.com)를 운영하며 글을 쓰고 있다.

우크라이나에서 온 메시지

초판 1쇄 발행 2023년 1월 30일

지은이 볼로디미르 젤렌스키
옮긴이 박누리 박상현
발행인 이재진 **단행본사업본부장** 신동해 **편집장** 김경림
책임편집 박주연 **디자인** this-cover **국제업무** 김은정 김지민
마케팅 최혜진 최지은 **홍보** 반여진 **제작** 정석훈

브랜드 웅진지식하우스 **주소** 경기도 파주시 회동길 20 웅진씽크빅
문의전화 031-956-7213(편집) 031-956-7127(마케팅)
홈페이지 www.wjbooks.co.kr
페이스북 www.facebook.com/wjbook
포스트 post.naver.com/wj_booking

발행처 ㈜웅진씽크빅 **출판신고** 1980년 3월 29일 제406-2007-000046호

한국어판 출판권 ⓒ ㈜웅진씽크빅, 2023
ISBN 978-89-01-26859-0(03340)

- 책값은 뒤표지에 있습니다.
- 잘못된 책은 구입하신 곳에서 바꾸어 드립니다.